THE CATALYST

How to Change Anyone's Mind

JONAH BERGER

如何改變一個人

華頓商學院教你消除抗拒心理，從心擁抱改變

BESTSELLING AUTHOR OF ***CONTAGIOUS***

A Most Anticipated Book of 2020, Goodreads

約拿．博格——著　許恬寧——譯

本書獻給喬丹（Jordan）、賈斯伯（Jasper）、

柔伊（Zoë）與小不點

他們以最美好的方式改變我的人生

你有經驗嗎？試著阻止身邊的人做某些事，對方不但不聽反而去做。如同鐵捲門上的警語「禁止在此塗鴉」，就是會有人用噴漆噴好噴滿。

你有經驗嗎？試著證明新聞、資料、文獻的真實性，或是證明自己沒錯，拿出一堆研究資料，拿出統計調查數量並且達到統計學上的樣本數，來證明自己是對的，希望可以打臉對方。對方反而不相信，反而更相信他自己。

書中有許多生活常見、精彩的例子，除了運用科學心理學解釋之外，最後再教你反向操作、設下陷阱，讓他們改變、消除他們的抗拒心理。這是一本祕笈，唯一能做的就是讀它。

——一郎人生，心理學 YouTuber

我家女兒兩歲，據說是人生第一個叛逆期，最愛的口頭禪是「ｎｏ！ｎｏ！」

不要穿衣服、不要吃飯飯、不要睡覺，伴隨著嚎啕大哭。為此，我跟老婆都很頭痛。直到讀了《如何改變一個人》，我才發現改變其實不需要加足馬力，只需要放開手煞車。於是，我偷偷用書裡傳授的一招，洗完澡時，我問女兒：「小寶貝，你要先穿褲褲，還是先穿衣衣呢？」女兒愣了一下，最後穿上了衣服。要吃飯時，我問女兒：「小寶貝，你要先吃飯飯，還是先喝湯湯呢？」她的No卡在嘴邊說不出來，最後乖乖吃飯。我必須說，這太神奇了！

至於為什麼會這樣？容我賣個關子，《如何改變一個人》書裡有解。在讀這本書之前，你要做的是先拋開過去的做法，重新跟著作者去理解人性、改變做法。你會發現，《如何改變一個人》是說服界的太極拳，讓你四兩撥千金，輕鬆影響對方。

——歐陽立中，暢銷作家、爆文學院創辦人

約拿．博格是世上少有的思想家，他會把有研究基礎的見解與極為實用的指導兩相結合。我很感恩自己有幸跟許多人一樣，曾經跟著這位大師級的老師學習。

——詹姆．柯林斯，《從A到A+》作者，以及《基業長青：高瞻遠矚企業的永續之道》共同作者我們都曾經因為無法成功改變別人的想法而感到挫折，在這本引人入勝的書裡面，博格一掃我們的挫折感，他告訴我們要怎麼清除障礙、讓改變成真。無論是什麼樣的事情，這本書都會告訴你要怎麼去引發改變。

——查爾斯·杜希格，暢銷書《為什麼我們這樣生活，那樣工作？》以及《為什麼這樣工作會快、準、好》作者

我們都知道，要讓別人改變想法是很困難的；但是現在，我們知道為什麼會這麼難了：因為我們一直以來都用錯方法了，我們花了太多的時間去說服和逼迫他人——卻沒有用足夠的時間去替他們移除行動時的路上障礙。這本書既有說服力且相當引人入勝。約拿·博格勾勒出了一套更聰明、更有效的方法。書中有滿滿的趣聞軼事，趣味橫生且扣人心弦，還有很多機智的科學和內行的建言。對於任何想要用生意來引發變革的人，這本書都是必讀。紅利加碼：很少有商業書籍會跟這本一樣，讓你一頁接著一頁，看到停不下來。

——丹尼爾·品克，《什麼時候是好時候》以及《未來在等待的銷售人才》作者

這本書相當令人著迷，而且還是很強的一組工具，讓我們可以改變大家的想法、改變各種組織和團體、也希望可以去改變這個世界。

——亞利安娜．哈芬登，新媒體公司 Thrive Global 創辦人與執行長

博格引用了學術研究以及案例研討，也提供了許多令人非常好奇的趣聞軼事……這是一本寫得很好的指南，不管是對企業還是對個人生活都很有用。

——美國《科克斯書評》

很務實、很有說服力地介紹了勸說這門藝術……這是一本非常有趣的指南書，能夠說服一般讀者，對於業務和行銷專業的人來說，又會更有意思。

——《出版者周刊》

博格對於未來的前景相當樂觀，溫和輕巧地傳達了這個概念：推動偉大變革的改革者並非比較有說服力，但他們是貨真價實的催化劑。

——《財星》雜誌

如果你希望你的客戶關係，還有自己生活中與其他人的關係是忠誠且相互信賴的，那你就一定要讀這本書。

——新媒體《小公司趨勢》

在本書中，華頓商學院教授約拿．博格援引了許多研究，這些研究指出，用命令與警告的方式通常會造成反效果。在某些狀況下，叫別人不要去做某件事情會讓他們更是躍躍欲試。而祕密就在於，要請大家提高警覺——不是為了自己，而是為了整個團體。我們大腦的內建模式就是會讓我們想要去追求社交上的連結。我們內在都有很強的欲望，想要不惜一切代價保護自己的「部落」。

——Inc.com

博格所提出的方法，讓他的這本書與眾不同……博格仔細地解釋了要怎麼去催化符合道德原則的勸說行為，而這可能就是他嚴謹又流暢的文字中所蘊含的最大價值。

——商業部落格網站

博格是我最喜歡的作者之一，而這本書有很多獨到的見解……我很喜歡這本書把影響力說成是一種移除障礙的方法，同時還有很多的例子，都相當清楚易懂，而且行文優雅。

——《富比士》雜誌網站

目次

葛瑞格．韋齊（Greg Vecchi）是美國聯邦調查局（ＦＢＩ）的案件調查員，專門負責國際毒品走私、洗錢與敲詐勒索等案子。他查緝的對象，許多是殺人不眨眼的專業罪犯，幹下的勾當包括販售直升機給中南美洲的麥德林販毒集團（Medellín）；或是試圖購買俄國老舊潛水艇，在神不知鬼不覺下，偷偷把哥倫比亞的古柯鹼運進美國。

有一次，韋齊為了追捕俄國犯罪集團的嫌疑犯，花了三年監聽，辛辛苦苦蒐集資訊並成立案件。逮捕令下來時，他召集了ＳＷＡＴ特種部隊：數十名全副武裝的彪形大漢，準備好一湧而上，殲滅歹徒、蒐集證據。

韋齊向小隊簡報時提出幾點注意事項，強調嫌犯可能持有武器，且百分之一百是危險人物。ＳＷＡＴ團隊擬定滴水不漏的搜捕計畫，這件事不容絲毫差錯，否則將瞬間演變成殊死戰。

簡報結束時眾人魚貫而出，只有一個人仍待在原地。韋齊先前就留意到那個傢伙，在坐滿壯漢的會議室裡，他看起來像是不知打哪混進來的，矮矮胖胖、頭又禿，一點都不像健美如雕像的ＳＷＡＴ弟兄。

「形容一下你要抓的人，」那個人向韋齊要求，「我想多了解一點。」

「我不確定我明白你的意思，」韋齊回答，「我剛剛才向大家報告過，我有完整的檔案……」

「不、不、不是那些。」那個怪人打斷他。「我想聽的不是他的犯罪紀錄。他過去有哪些暴力行為什麼的，我也不想知道。你一直在監聽，對吧？」

「對。」韋齊回答。

「他是個什麼樣的人？」怪人繼續問。

「你在說什麼？什麼叫『他是個什麼樣的人』？」

「他平日會做哪些事？有哪些嗜好？講講他的家人。他養寵物嗎？」

嫌犯有養寵物嗎？韋齊心想，我們即將派一支準軍事部隊去抓這個人，然而你想知道他有沒有養寵物？到底在胡說八道什麼。難怪整支ＳＷＡＴ小隊都走了，就剩你一個人被撇下。

本於職責，韋齊依舊有問必答，手上開始收拾剛才的簡報文件。

「最後一個問題，」那個人說，「嫌犯現在人就在那裡，對吧？」

「對。」韋齊說。

「好，給我他的電話。」拋下這句話後，那個人就走出了會議室大門。

逮捕嫌犯的時刻到了，SWAT小隊準備就緒，在建築物外頭排成一排，一個緊挨著一個，等待破門而入。他們從頭到腳一身黑，手持盾牌，拔槍預備。正常來說，他們會大喊「趴下！趴下！趴下！」衝進去抓住嫌犯。

然而時間一分一秒過去，SWAT團隊依舊按兵不動，幾分鐘過去了，然後又過了幾分鐘。

韋齊開始擔心。曾聽過嫌犯與朋友、同夥講電話的他，比任何人都了解這次要抓的對象。這傢伙是個狠角色，殺人對他來講不算什麼。他蹲過俄國的苦牢，不怕肉搏戰。

突然間門開了。

嫌犯走出來，高舉雙手投降。

韋齊愣在當場。他在執法部門待了很長一段時間，多年來在美國陸軍與農業部擔任特別調查員，在全國各地臥底，還在墨西哥邊界執行過反貪腐行動，但在他豐富的經驗中，從來沒看過這種事。我們什麼都沒做，嫌犯就乖乖走出來，自投羅網？

這時韋齊靈光一閃。先前跟他講過話、又矮又禿的那個傢伙？**那個傢伙**一定是人質談判員，他成功說服嫌犯做出沒人想得到的事：光天化日之下，沒先來一場火拼就束手就擒。

天啊真帥，韋齊心想，**我想和他一樣**。

此後的二十多年間，韋齊擔任人質談判員，處理過跨國綁架案，訊問過落網的海珊，帶領過FBI傳奇的「行為科學組」（Behavioral Science Unit）。從制伏銀行搶匪，一直到審問連環殺手，韋齊在各種看似不可能的情況下改變了人們的心意。

危機談判源自一九七二年的慕尼黑奧運慘案。當時恐怖分子挾持十一名以色列的奧運選手，最後人質全體遇害。先前處理此類危機的方式，通常是訴諸武力，高喊：

「舉手投降，否則我們就要開槍了！」然而，發生了慕尼黑事件和其他數次眾所矚目的失誤後，脅迫歹徒屈服的那套方式顯然行不通。執法人員轉而向心理學文獻求助，利用行為科學來建立新型的訓練技巧，以更可靠的方式降低危機帶來的風險。[1]

於是在過去數十年間，像韋齊這樣的談判人員仰賴著不同的模式——有效的那一種。不論是試圖說服國際恐怖分子釋放人質，或勸人放棄自殺，甚至是和剛殺害家人的兇手談話、與綁架人質的歹徒在銀行對峙，在這些時刻，當事人知道自己是在和警方談話，他們曉得自首的後果，也明白人生即將改變，但十次中有九次他們還是會主動投降。

而他們會自願走出來，原因是有人開口請求他們那麼做。

慣性的力量

每個人都有想改變的事。業務渴望改變顧客的心意，行銷人員努力改變購買決策。員工試圖扭轉上司的觀點，領袖希望改革組織。家長希望改變孩子的行為。新創公司的雄心壯志是改變產業，非營利組織努力讓世界不同。

然而改變很難。

我們使出渾身解數去說服、哄騙、施壓，但事情通常還是僵在那兒，只以牛步的速度改變，甚至文風不動。在龜兔賽跑的故事裡，「改變」像是一隻正在午休的三趾樹懶。

科學家牛頓提出著名定律，物體動者恆動，靜者恆靜。牛頓爵士研究的是星球與鐘擺等物體，但相同的概念也能應用在社會世界。如同衛星和彗星，人與組織也遵守動量守恆定律，受慣性影響，傾向於做他們一直在做的事。

相較於思考哪位候選人能代表自己的價值觀，選民通常會投給他們過去支持的政黨所推出的候選人。相較於一切重新開始、思考哪些計畫值得投入心力，企業總會把去年的預算當成起點。相較於重新調整財務投資組合，投資人一般會延續先前的投資方式。

慣性可以解釋為什麼家庭每年都到相同的地點度假，也能解釋為什麼組織對於展開新計畫如履薄冰，卻抵死不肯砍掉舊計畫。

當我們試圖改變他人的看法，努力克服這樣的慣性，直覺做法通常是死纏爛打。客戶不買單？那就寄給他們一堆事實與該這麼做的理由。老闆聽不進點子？那就提出更多例子，進一步解釋。

當我們試圖改變企業文化或努力讓孩子吃青菜時，總以為堅持到底就會獲勝，只要提供更多資訊、更多事實、更多原因、更多主張，或是只要再稍微多施一點力，人們就會改變。

這種做法的言下之意是人像彈珠，朝一個方向推，他們就會滾向那裡。

不巧的是，這種做法通常會有反效果。人不像彈珠，不會因為你試著推，就完全照你的意思跑。他們會抗拒。顧客不會因此答應你，只是不再回電。老闆不會因此說好，只會說他們再想想看，但其實就是在用禮貌的方式回答：「謝了，但一萬年後再說。」嫌犯不會乖乖舉手投降，他反而會藏身暗處，開始開槍。

好吧，強迫沒用，那什麼才有用？

更高明的回心轉意法

為了回答剛才的問題，先來看一個完全不同的領域：化學。

要是沒有外力，起化學變化可能需要耗費千萬年的時間。藻類與浮游生物化為石油，碳逐漸擠壓成鑽石。分子起反應的前提是破壞原子鏈結，產生新鏈結，這樣的過程十分緩慢，耗時數千年，甚至是幾百萬年。

化學家為了加快變化的速度，通常會使用特定物質。那些無名英雄清潔你的車子排放的廢氣、隱形眼鏡上的髒污，還讓空氣變肥料，石油變單車安全帽。特定物質讓改變快速發生，分子原本需要數年才會相互作用，這下子幾秒鐘就搞定。

不過，最讓人想知道的是這些物質**如何**引發改變。

化學反應需要一定的能量。舉例來說，氮氣要變肥料的話，通常需要加熱至超過攝氏一千度。加進足夠的能量後，藉由溫度與壓力強迫反應。

特殊物質能讓這樣的過程加速進行，但不是透過加熱或加壓，而是提供另一條路，減少起反應所需的能量。

乍看之下，這似乎是不可能的事，宛如魔法。怎麼可能**減少**所需的能量，改變速度卻增快？這似乎違反了熱力學最基本的法則。

然而，特殊物質卻另闢蹊徑，不靠強力施壓，而是降低改變的門檻。

這樣的物質被稱為催化劑。*

催化劑點燃了化學界的革命。催化劑的發現，除了帶來多名諾貝爾獎得主，讓數十億人免於挨餓，還孕育出許多過去幾世紀最偉大的發明。

不過，催化劑基本上所做的事，在社會世界同樣也能帶來強大的影響，以更巧妙的方式帶來改變。催化劑的方法不是逼得更緊，不是花更多的力氣遊說，也不是施展更高超的說服技巧。這一類的手法偶爾會有用，但更多時候往往只會激起人們的防禦心理。

---

*化學反應在分子碰撞時發生，但催化劑的作用不是增加碰撞頻率（如同增加能量的效果），而是增加成功率。催化劑這個媒人不亂點鴛鴦譜，要你像無頭蒼蠅四處相親，而是鼓勵反應物朝正確方向前進，彼此相遇後引發改變。

重點是成為催化劑——藉由移除障礙與降低門檻，讓人們改變看法，並願意行動。

這正是談判人員搶救人質時做的事。面對步步進逼的SWAT特種部隊，不論是誰都會感到被困住。持槍挾持三名人質的那個人，不論是專業俄國歹徒或是新手銀行搶匪，如果逼得太緊，狗急了會跳牆。要他們乖乖束手就擒，他們八成聽不進去。

優秀的人質談判員採取不一樣的做法。他們從聆聽與建立信任感做起，鼓勵嫌犯談自己的恐懼與動機，說出有誰等著他們回家，甚至是在緊張的對峙時刻聊起**寵物**。

人質談判員會這麼做，原因是他們的目標是化解壓力，而非破門而入。他們逐漸消弭嫌犯心中的恐懼、猶豫與敵意，直到嫌犯正視自己的處境，明白最佳的選項大概是起初看似不可能的那一個：自願投降走出來。

傑出的人質談判員不會硬逼，也不火上加油。他們找出是什麼在從中作梗、使得改變無法發生，並移除那個障礙。讓造成改變所花的力氣更小，而不是更大。

就跟催化劑一樣。

催化改變

我會開始研究催化劑，是因為我當時已束手無策。某家名列財星五百大（Fortune 500）的公司請我協助。他們希望推出革命性的新產品，但傳統方法行不通。公司試過廣告、推播通知，一般常見的手法都試過了，但效果不彰。

我因此開始鑽研文獻。

我平日的工作是在賓州大學華頓商學院（Wharton School）當教授，已花費二十多年研究社會影響、口耳相傳，以及事物為什麼會流行起來的科學。我和優秀的研究同仁團隊展開數百場實驗，從為什麼人們會掏錢購買，一直到影響決策與選擇的因子，我的研究主題無所不包。我有幸教導成千上萬的學生與高階主管，協助 Apple、Google、Nike、奇異（GE）等數百間公司改變民眾的心意、行為與行動。我協助臉書（Facebook）推出新硬體，也幫助「蓋茲夫婦基金會」（Bill & Melinda Gates）強化訊息，將引爆熱潮的祕訣傳授給小型新創公司、競選活動、非營利組織，協助他們讓產品、服務、概念流行起來。

然而，隨著我翻閱的文獻愈來愈多，我發現大部分的觀點都採取傳統做法。哄騙、說服、鼓勵。推，推，再推。萬一不行的話，重來一遍。踩下油門，更加用力多推一點。

然後還是行不通。

我開始好奇是否有更好的方法。我訪問新創公司的創辦人，請教他們是如何刺激民眾接受產品與服務。我與執行長及主管談話，了解優秀的領袖如何改造組織，也找上超級銷售員，打聽他們如何說服最棘手的客戶。此外，我還諮詢公共衛生官員，弄懂他們是如何改變行為，加速推廣重要的醫療創新。

漸漸地，不一樣的方法浮出水面。改變看法有另一條路。

我們與客戶一起測試初步的版本，並且小有成效，精益求精後更加成功。早期的成效帶來信心，我們試著將新做法推薦給另一間公司，那間公司也覺得有效。很快地，我試著把這個技巧應用在所有的顧問計畫，刺激採用產品、改變行為、轉變組織文化。

有一天，潛在的客戶詢問我有沒有書面的東西能分享，像是記錄下我們的策略與做法的資料。

我從幾份 PowerPoint 中挑了幾張投影片，但發現還不夠，需要有一個園地集中全部的資訊，方便整體性的閱讀。

這本書就此問世。

找出手煞車

這本書要談的是，以不同的方式推動改變。

很可惜地，人們試圖帶來改變時，很少想到要移除障礙。問及該如何改變某個人的看法時，百分之九十九的答案集中在某種版本的推力。反覆出現的常見答案包括：「提出事實與證據」、「說明我的理由」、「說服他們」。

我們太過專注於自己想要的結果，把力氣花在要如何把人們推往那個方向。然而，我們一路上通常會忽視我們試圖改變看法的對象，沒去想為什麼他們不動如山。

催化劑法不問有什麼東西可以說服某個人改變，改從更為基本的問題著手：**為什麼那個人還沒改變**？是什麼阻擋著他們？

這就是本書要談的事：如何克服慣性、引發行動與改變主意——方法不是增加說服力或逼得更緊，而是靠扮演催化劑的角色，移除通往改變的障礙。

每次當你開車時，你會繫好安全帶、插鑰匙、發動車子，並緩緩踩下油門。有時候是上坡路段，車子特別需要多來一點油，不過一般來講，油門踩得愈猛，車子就衝得愈猛。

然而，假如你一踩再踩，車子卻一動也不動，那該怎麼辦？這下子要怎麼做？

每當改變沒出現，我們總認為需要增強馬力。員工沒採用新策略？再寄一封電子郵件，提醒他們為什麼該那麼做。顧客沒買產品？花更多錢打廣告，或再打一次行銷電話。

當我們把全部的心力放在踩油門時，經常會忽略掉更簡單、更有效的方法：找出是什麼事妨礙與阻擋著改變，加以移除、帶來行動。

改變有時不需要更多馬力，只需要放開手煞車。

本書要談的就是找出手煞車，挖掘藏在暗處、阻擋改變的障礙。我們將追根究柢，找出究竟是哪些問題讓人遲遲不行動，並加以解決。

本書將在每個章節各列出一種關鍵路障，並提供解決之道。

原理一：抗拒心理

人被逼的時候會反抗。如同飛彈防禦系統攔截飛彈，人們腦中天生帶有抗拒勸說的系統。每當有人試圖說服自己，雷達就會偵測。催化劑可以減少這類阻礙，鼓勵人們自己說服自己。各位將在本書學到抗拒心理的科學，了解警語為何反而讓民眾跑去做據說不能做的事，以及策略性同理心的功效，例子包括公共衛生官員如何讓青少年不再抽菸、人質談判人員如何只是請求對方，冷酷的罪犯便束手就擒。

原理二：敝帚自珍效應

英文俗諺有云：如果沒壞，那就別修。除非真的很糟糕，否則人們會抓住目前正在做的事不放，完全不想換。為了降低「敝帚自珍效應」（endowment），減少想維持現況的心態，催化劑的手段乃強調「多一事不如少一事」其實並不像表面上那樣毫無成本。在這個單元，我們將找出為什麼賣家比買家更覺得商品好；為什麼好處要比壞處多二．六倍以上，人們才會採取行動；以及為什麼手指扭傷比斷掉還痛。理財專員如何讓顧客以更加理性的方式投資，資訊科技（IT）專業人士又是如何促使員工採行新技術。

原理三：距離

人類天生內建反抗勸說的系統，但即使只是提供資訊，有時也會招來抗拒。為什麼會這樣？另一道障礙是距離。新資訊如果落在人們的「接受區」（zone of acceptance），他們聽得進去。然而，要是離太遠，落在「拒絕區」（region of rejection），不論聽到什麼都會充耳不聞。不僅溝通被無視，更糟的結果是對立升高。各位將在距離章節看到如何讓選民回心轉意，政治行動主義者如何讓固執的保守派轉而支持「跨性別權益」等自由派的政策。我們將學到為什麼重大改變需要的是減法，而不是強求的加法。此外，我們還會看到催化劑如何找出意見共通點，讓表面上最不可能商量的議題有了轉圜的餘地。

原理四：不確定性

改變通常伴隨著不確定性。新產品、新服務或新點子會和舊的一樣好嗎？這種事很難確認，而不確定會讓人們按下暫停鍵，猶豫要不要做。在克服這種障礙時，催化劑讓嘗試變得容易。如同超市裡的免費試吃或車商提供的試駕，可以藉由讓民眾親身體驗來降低風險。在這部分我們會看到，為什麼寬鬆的退換貨政策能增加利潤；為什麼農民不肯採行有用的創新；以及前職棒小聯盟（MiLB）的售票員如何靠免運費，打造出價值十億元的事業。此外，以防你認為只有提供產品或服務的大企業適用這條原則，我還會解說從動物收容所、會計師、純素主義，一直到推動組織改變，每個人可以如何應用相關概念。

原理五：佐證

有時即便說的人學識再淵博、再言之鑿鑿，還是不夠。有時事情就是需要多一點證據。要有更多的證據，聽的人才能確認適合自己、從善如流。某個人說某樣東西很棒，好吧，但他們喜歡的理由，跟**我會不會**喜歡有關係嗎？催化劑在克服這道障礙時會找「佐證」當援軍。我們會談物質濫用輔導員如何鼓勵成癮者尋求治療、哪些證據來源最具影響力，以及為什麼、在什麼時間點上應該要將有限資源集中，而不是分散火力。

抗拒心理、**敝帚自珍效應**、**距離**、**不確定性**與**佐證**，可說是擊敗慣性必須面對的五大魔王，五個妨礙或阻止改變的關鍵障礙。

本書將一章談一個路障，解說如何化解阻礙，結合研究與案例，說明每個路障背後隱藏的科學，以及個人與組織可以如何運用原則來移除絆腳石。

以上五個催化劑的途徑，我們可以各取第一個英文字母。催化劑會減少抗拒（**R**eactance），減輕敝帚自珍現象（**E**ndowment），縮減距離（**D**istance），降低不確定性（**U**ncertainty），以及提出佐證（**C**orroborating **E**vidence），合在一起是英文的「減少」（**REDUCE**）。「減少」恰巧就是理想催化劑要做的事。催化劑能**減少**障礙，透過減少改變的阻力，轉換心態、促成行動。

每章解說完一個原則後，將附上一則簡短的範例分析，揭示相關概念可以如何應用在不同領域。從改變上司的心意、促使英國人支持脫歐、改變消費者行為，一直到讓3K黨的龍頭老大脫離組織。

值得留意的是，不是每一種情境一定會五個路障全包。有時抗拒心理是主要障礙。但在其他時候，不確定性占的比例較高。有的例子同時出現數個障礙，其他的則只有一個。不論如何，完整了解五大障礙後，就能診斷出究竟是哪一個在作祟，並加以解決。

本書的目標很簡單：讓大家了解碰上普遍存在的問題時，如何換個方式去看。你將學到為什麼人和組織能夠改變——以及如何催化那個過程。

本書從頭到尾都在把移除障礙的概念，應用於個人、組織與社會改革。一路上，你將看到催化劑如何將相關概念應用在各式各樣的情境，包括領袖如何改造組織文化；行動主義者如何掀起社會運動；銷售人員如何成交；員工如何讓管理階層支持新點子；物質濫用輔導人員如何讓成癮者明白自己有問題；助選員如何改變根深蒂固的政治信念。

改變想法與改變行為，本書兩者都會談。有時只需要改變其中一個，另一個也會跟著改變，不過有時不需要改變人們的想法，就能刺激他們行動。還有一種可能是人們原本就準備好改變自身行為，我們唯一需要做的事，就是移除路障，讓改變更容易發生。

本書的編排適合任何希望催化改變的人，提供強大的思考模式，外加各種能夠催生出驚人成果的技巧。

不論你正在嘗試改變一個人，或是試圖改造組織，又或者是希望扭轉整個產業的做事方法，這本書都能教你如何成為催化劑。[2]

第一章

抗拒心理

The Catalyst:
How to Change Anyone's Mind

一個不可能的任務落在查克・沃夫（Chuck Wolfe）頭上，佛羅里達州長把一項新計畫交給他。其實對沃夫來講，帶領計畫是家常便飯，他擔任州長的左右手已有近十年的時間，扮演過各式各樣的角色，當過營運主任、外事長、財務監督執行董事。他曾負責擬定與執行多項計畫，在安德魯颶風（Hurricane Andrew）過後救濟災民，並協助邁阿密市度過財務危機。

然而，此次的挑戰規模龐大許多。沃夫要負責組織團隊，對抗產品銷售數量超過一兆、全球消費者超過十億人的產業。這個產業每年花近百億美元行銷業界排名前幾公司的產品，每一家的利潤都高過可口可樂、微軟與麥當勞。

高於可口可樂、微軟與麥當勞的總合。

沃夫的任務目標？做到數十年來無數機構都沒法做到的事：讓青少年不再抽菸。

在一九九〇年代晚期，抽菸是全美最大的公共健康危機。香菸是可預防的死亡與疾病中最大的病因，奪走全球數千萬人的性命。光在美國一地，每五人死亡，就有一

人是死於菸害，每年花掉的經濟成本幾乎達一千五百億美元。[1]

青少年抽菸的問題尤為急迫。菸草公司知道，公司的成功要仰賴年輕市場。菸草公司對外宣稱避免向青少年與孩童行銷，但內部知道這是不可能的選項。菸商菲利普莫里斯公司（Philip Morris）的備忘錄寫道：「今日的青少年是明日的潛在固定顧客，絕大多數的吸菸者是在十幾歲時首度抽菸。」不向孩子販售，是在斷公司的生路。

菸草公司於是利用五花八門的手法吸引年輕族群。卡通《摩登原始人》（*Flintstones*）一九六〇年登場時，贊助商是雲斯頓菸草公司（Winston），只見廣告裡，劇中的主角佛萊德與巴尼．羅伯（Fred and Barney Rubble）在休息時間抽菸。一九七〇年代早期時，菸草公司被禁止在電視與電台打廣告，於是創造出駱駝老喬（Joe Camel）等親切的卡通角色，讓香菸顯得有趣。一般的香菸似乎不對年輕人的胃口時，香菸公司推出調味菸草，用色彩繽紛的糖果紙包裝增加產品的吸引力。

這些伎倆成功了。

理論上，青少年的吸菸率應該要很低。美國的聯邦法要求年滿十八歲才能購買香菸，大部分的學生要到高中最後的學年過一半時，才會到達法定年齡。有的城市甚至規定更高的販售年齡。

然而，在一九九〇年代晚期，看來大事不妙，近四分之三的高中生抽過菸，[2] 四分之一的畢業班學生更是天天吸菸。青少年抽菸率創下十九年新高，而且數字還在不斷攀升。

需要有人站出來打擊青少年抽菸問題，而且動作得快。

但是阻止青少年抽菸並不容易。數十年來，眾家機構前仆後繼地嘗試——全都失敗。各國禁止香菸打廣告，在香菸包裝加上健康警語，還花數十億美元宣傳，試圖勸退年輕人。

儘管各方做了種種努力，吸菸率依舊持續上升。[3] 能做的都做了，悉數以失敗告終，沃夫又怎麼可能成功？

當警告變成推薦

要解答這個問題，首先要了解為什麼先前勸青少年別抽菸的警告，全都沒發揮效用，而最好的方式，就是先來看看理論上根本不必加警語的例子。

寶僑（Procter & Gamble）在二〇一八年初碰上一個小小的公關難題。

五十年前，寶僑推出「Salvo」，把顆粒狀的洗衣粉壓縮成錠狀。那次的產品算不上超級成功，不過經過數十年的研發後，寶僑推出自認更有效的新配方。這次的版本不必計算究竟該用多少洗衣粉，也不會在衣服上結塊。消費者只需要從盒內拿出一包包獨立包裝的洗衣膠囊，丟進洗衣機，一切就大功告成。外頭包覆的塑膠膜遇水即溶，在需要時釋出洗衣精，輕輕鬆鬆，不費吹灰之力。

寶僑用汰漬（Tide）的品牌推出這次的產品，命名為「汰漬洗衣膠囊」（Tide Pods），並保證讓人們洗衣服更方便。公司投入超過一・五億美元的行銷經費，深信在價值六十五億美元的美國洗衣精市場，這些小膠囊最終將搶下三成的市占率。

然而問題來了：民眾吃起洗衣膠囊。

「汰漬洗衣膠囊大挑戰」（Tide Pod Challenge）起初不過是一個小玩笑。有人說，新洗衣膠囊的亮橘配亮藍旋渦圖案，看起來可口極了。《洋蔥報》（*Onion*）刊出文章

〔〈天啊，我要吃下這些五彩繽紛的洗衣膠囊〉（So Help Me God, I'm Going to Eat One of Those Multicolored Detergent Pods）〕，「大學幽默」頻道（CollegeHumor）釋出影片。各式各樣的社群媒體文章紛紛出爐，掀起一陣熱潮。

民眾挑戰彼此吃下洗衣精。青少年拍下自己咀嚼洗衣膠囊或囫圇吞棗的影片，放上YouTube，挑戰有誰能和他們一樣。有的人不知哪來的烹飪靈感，甚至在入口前先烹煮一番。[4]

很快地，從福斯新聞（Fox News）到《華盛頓郵報》（*Washington Post*），各家媒體都在報導這股風潮。醫師被請去發言，家長坐立難安，每個人都感到疑惑，為什麼這股奇怪的潮流愈演愈烈。

寶僑於是做了碰上這種情況時許多公司都會做的事，他們拜託民眾別這麼做。

二〇一八年一月十二日，汰漬在推特上發文：「汰漬洗衣膠囊該拿來做什麼？**洗衣服**。其他的事都不該做。把汰漬洗衣膠囊吃下肚**不明智……**」

汰漬為了進一步澄清，請來暱稱「格隆考」的美式足球明星羅伯．格隆考夫斯基（Rob "Gronk" Gronkowski），在短片中問他，吃汰漬洗衣膠囊**有沒有可能**是好點子。

格隆考對著攝影機晃了晃手指，斬釘截鐵回答：「**不是、不是、不是、不是、不是、不是**。」螢幕上「NO」的字幕特效滿天飛。寶僑再問：「即使只是搞笑也不行嗎？」格隆考再次回答：「**不行、不行、不行、不行、不行**。」寶僑又問：「除了洗衣服，你該把汰漬洗衣膠囊拿去做別的事嗎？」格隆考回答：「**不該**。」

影片的結尾附上警語：「洗衣膠囊是高濃縮洗衣精，唯一的用途是洗衣服。」彷彿這樣還不夠清楚，影片再度引用格隆考的話，加上文字警示：「不能吃。」

此外，格隆考在影片上線兩小時後，在自己的社群媒體上跟進。「我和汰漬結盟，千萬別忘了，汰漬洗衣膠囊的用途是洗衣服。」格隆考在推特上發文，「其他的事統統不行！」

這下好了，事情一發不可收拾。

數十年來，標準做法是警告民眾某件事有害健康。少吃油、別酒駕、繫好你的安全帶。挑一件與健康有關的事，加上提醒：如果是好事，就叫民眾做。如果是壞事，就要民眾別做。過去五十年間，公共健康的訊息基本上換湯不換藥。

也難怪寶僑認為他們也該這麼做。汰漬的主管八成覺得，這也太離譜，居然還得出聲提醒這種事。到底是誰會認為，吃下醇基乙氧基硫酸鈉鹽和丙二醇是好點子？畢竟網站上已經清楚寫明：「請勿讓孩童拿取。」找來運動明星格隆考告訴大家洗衣膠囊不能吃，大眾應該就會明白，不再猶豫到底可不可食。

然而，事情沒朝他們想要的方向發展。

格隆考與汰漬提醒民眾洗衣膠囊不能吃之後，Google 上的「汰漬洗衣膠囊」搜尋立刻飆到史上新高，四天後成長兩倍以上。一星期內，搜尋次數增加近七〇〇%。

糟糕的是，這個流量不是來自關切的家長上網搜尋，想了解為什麼汰漬要在推特上提醒這麼明顯的事。造訪毒物控制中心網站的人次也激增。

二〇一六年一整年，青少年攝食、吸入或吞噬洗衣膠囊僅三十九例。汰漬宣布不能吃之後的數十天內，人數增為兩倍。幾個月內，人數達前兩年相加的兩倍。

汰漬的努力收到反效果。

「汰漬洗衣膠囊大挑戰」的例子感覺很不尋常，但實際上是相當常見的現象。[5]

請陪審員忽視無法當成呈堂證供的證詞，反而會讓他們更加看重那些證詞。勸人別喝酒的標語，反而導致大學生狂飲。試圖說服民眾抽菸有害健康，反而讓人在日後躍躍欲試。

在上述的例子與其他類似的情況裡，勸退反而會變成勸進。命令青少年不准跟某個人交往，反而讓那人變得更有吸引力。叫人**別做**某件事會產生反效果：你一禁止，他們就**更想**那麼做。

人需要自由與自主權

一九七〇年代晚期，哈佛與耶魯的研究人員發表研究結果，解釋為什麼提出警訊會有反效果。

研究人員與地方上的安養院「亞頓之家」（Arden House）合作，進行一場簡單的實驗。[6] 某層樓的院民被提醒，他們可以自由按照自己的意思掌控生活，自行選擇房間要如何布置、是否希望安養院人員協助重新擺放家具。他們可以決定如何打發時間，是否要拜訪其他院友，或是想做點別的事。此外，院民還被提醒，要是有任何不開心的地方，可以提出意見，事情才能改變。

為了強調這一組的院民有自主權，他們還獲得額外的選擇。一箱室內盆栽被傳送下去，問他們想不想照顧植物，要的話想選哪一盆。下星期會舉辦兩天電影之夜，他們被問及想不想去、想去哪一場。

另一層樓的院民也聽到類似的話，但沒提到他們可以自由掌控。他們被提醒，工作人員已經替他們準備好房間、盡心盡力讓他們開心。這一組的老人同樣收到盆栽，但被告知護士會替他們照顧植物。此外，他們也被提醒下星期會播放電影，他們已經被安排到兩天中的哪一個場次。

過了一段時間後，研究人員追蹤院民的情形，找出提醒是否產生任何效果。

結果很顯著：獲得更多主控權的院民心情更好，更朝氣蓬勃、精神抖擻。

然而，長期效應更為驚人。十八個月後，研究人員檢視兩組人的死亡率。獲得更多自由與掌控權的那層樓，過世人數不到另一組的一半。感到有自主權似乎讓人更加長壽。

人需要自由與自主權，感到能夠掌控自己的生活、自己要做什麼。人們希望有選擇的權利，不受隨機的命運操弄，不任由他人擺布。

人們也因此痛恨讓出主導權。選擇太重要了，就算將因此付出更高的代價、即使有所選擇會讓他們更加不幸，人們依舊寧願自行抉擇。

某項研究[7]請受試者想像自己是早產兒茱莉的爸媽。茱莉因為腦出血，住進醫院的新生兒加護病房，靠呼吸器維持生命。不幸地，經過三星期的治療後，茱莉的健康情形並沒有好轉，醫生找來父母解釋情況。

眼前有兩個選項：一種是停止治療，意思就是說茱莉會死。另一個選項是繼續治療，但茱莉依舊可能撐不下去。即便救活，她仍會有重度神經功能缺損問題。兩個選項實在都稱不上理想。

受試者分為兩組，一組被要求自行決定，看是要中止治療或繼續搶救。

另一組則被告知醫生會替他們做選擇，而且醫生已經判定，符合茱莉最佳利益的做法是停止治療。

以上顯然是令人左右為難的情境。不論是自行做決定，或是由醫生替自己決定，所有的受試者都感到焦慮、痛苦、心煩意亂——以及罪惡感。

然而，研究人員發現，得以自行選擇的人心情更是煎熬。他們必須親自選擇要不要拔管這點，讓整件事雪上加霜。

即便如此，「自行選擇組」不願放棄主控權。被問到時，他們表示寧願自己做決定，也不要由醫生來決定。就算他們因此陷入更為頹喪的情緒，依舊希望自己來。

抗拒心理與「反說服雷達」

前述的養老院研究與抉擇研究，解釋了寶僑的汰漬洗衣膠囊發生的事。人們喜歡能自行掌控選項與行動，要怎麼做是他們的自由。

當其他人威脅到那樣的自由，或者限制你的自由，你會不舒服。人們被告知不能做或不該做某件事的時候，他們的自主權受到干涉，無法把自身的行為視為是自己要那麼做，也因此他們會反抗：你誰啊，憑什麼告訴我開車不能打簡訊？那片青蔥的草地，憑什麼我不能在上面遛狗？我愛做什麼，就做什麼！

人們自行做選擇的能力被奪走、甚至是受威脅時，失去主控權的可能性會刺激他們行動，而重獲掌控感——感到有自主權——的方法就是跑去做被禁止的事，例如：一邊開車，一邊打簡訊；放狗在草地上亂跑；甚至是大口吞下汰漬洗衣膠囊。只要做被禁止的事，很容易再次感到做主的人是自己。[8]

人們甚至可能沒那麼想在開車時打簡訊，但是當外界威脅要限制這種行為，想唱反調的心理就跑出來了。禁果分外香甜。比較甜的原因在於，吃下去等同於奪回自主權。

> 限制會帶來名為「抗拒」的心理現象。人們感到失去自由或自由受到威脅時，就會出現這種不愉快的狀態。

此外，縱使是被要求**做**某件事，而不是**不要做**，同樣也會心生抗拒。不論是鼓勵民眾購買油電混合車，或是替退休存錢，這類的勸說通常會無意間被當成侵犯他人的自由，讓人無法認為是自己在主宰自己做的事。

無人勸說時，人們會自認是在做**自己**想做的事。他們認為自己的行動，來自自身的想法與偏好。他們會有興趣購買油電混合車，唯一的原因是符合自身的想法與偏好。他們是環保尖兵，或者他們喜歡那種車的造型。

試圖說服人們看看吧，那反而會讓事情更複雜，因為這下子他們要是想買油電混合車，就多了一種解釋。除了他們原本就感興趣，如今還有另一種可能：或許他們考慮買油電混合車，原因是有人告訴他們應該買。當感興趣的原因有其他的解釋，將侵犯到人們的知覺自由。如果考慮買油電混合車是因為有人說該買，代表那行為其實不是由自己驅動，握有主導權的人不是自己，是別人。

就是因為這樣，如同「汰漬洗衣膠囊大挑戰」的例子，人們為了重新感受到自主權，被勸時通常會反抗。你要他們做什麼，他們就反著來。*你要我買油電混合車？謝謝你的建議，但我覺得特別耗油的那款比較好。你要我替退休存錢？你等著看，我想買什麼，就買什麼！[9]催促、命令或甚至只是鼓勵人們做某件事，他們做那件事的意願通常會下降。

甚至就連人們一開始就想做的事，但被建議後，也會出現抗拒心理。舉例來說，如果在職場上倡導開會時要多多發言，也有人原本就樂於發聲，感覺上計畫會順利進行。既然員工想發表意見，公司也希望員工說出心聲，應該是雙贏的局面。

然而，如果這項倡議讓員工感到發言不是自發性的、自由的，將造成反效果。對原本想發言的人來說，如今發言多了另一種解釋：他們會這麼做，不是因為**自己想**，而是公司**叫他們那麼做**。這使得員工無法將踴躍發言視為自己的決定，假如他們不喜歡只是聽令行事的感覺，最後將選擇悶不吭聲。

如同飛彈防禦系統保衛著國土、不讓砲彈打進來，人類也一樣。人的心中天生有「反說服雷達」，保護自己不被人左右。這套系統不斷掃描我們周遭，找出試圖產生影

*人們的反應不一定都是做全然相反的事，但那通常是讓自己感覺沒受到影響的最佳方式。如果廣告要我「購買 X 牌的油電混合車」，我可以改買 Y 牌，但心中依舊有疑慮。或許我會買油電混合車，根本只是因為看到廣告。要是乾脆不買，或是買完全不同類型的車，例如買一輛皮卡，就能完全避開受廣告影響的可能性：廣告叫我買的是油電混合車，也因此我沒買的話，這個決定一定完全是我自己下的。廣告沒提到皮卡，所以如果我買皮卡，主導權在誰手上就很明顯。只要是做被要求以外的事，都將感受到一定程度的自由，不過做相反的事通常效果最強。

響的外力。一旦偵測到這種情形，就會採取反制措施，[10]出現拒絕被說服的反應。

最簡單的反制措施就是迴避，或乾脆不理會，例如：在廣告時間離開、掛掉推銷電話、關掉彈跳出來的視窗等等。購物者看到推銷員會繞道，線上購物者不去看橫幅廣告。廣告看上去愈用力說服我們，就愈可能被轉台。我們靠著減少接觸撲面而來的訊息，削弱它的潛在影響力。

較為複雜（也更為費神）的反制措施是唱反調。光是忽視訊息還不夠，人們更會大力爭辯、刻意抗衡。

以福特汽車（Ford）旗下的 F-150 卡車為例，廣告說這款車「**超越同級車的性能**……福特 F-150 在載運貨物與拖車時，表現優於其他同級卡車，難怪眾人永遠爭相模仿這位先行者。」

廣告詞不會被照單全收，人們會質疑內容與來源，仔細檢視廣告聲稱的事，加以辯駁。F-150 真的擁有超越同級車的性能嗎？老王賣瓜，自賣自誇，福特想叫人買他們的車，當然會那樣講。雪佛蘭八成也說自己是第一。注意到了嗎？福特沒直接說自家的車「表現優於其他每一輛卡車」，而是加上了限定詞「同級車」，且只限於「載運貨物與拖車時」。我懷疑 F-150 是永遠勝過其他卡車，還是只在少數幾種特定的情境才是如此。再說了，「表現優於」幾個字到底是什麼意思？

民眾有如熱心過頭的高中辯論隊，一一反駁廣告的每一條說法，質疑訊息來源究竟可不可靠。這裡戳一下、那裡戳一下，看看漏洞在哪裡，不斷提出異議，直到廣告傳達的訊息徹底瓦解。

留下決定空間

催化劑為對方留下決定空間，也因此能避開抗拒心理與偵測說服的雷達；不再試著說服，而是促使人們自己說服自己。

沃夫和州長會面後開始打造團隊，推動佛羅里達的青少年反菸計畫。團隊知道傳統廣告沒有用。青少年很聰明，你試圖說服他們，他們一聽就知道。此外他們也知道，光是健康資訊本身不足以解決問題。青少年哪裡會不曉得吸菸不健康。他們知道抽菸是在殘害身體，但照抽不誤。

那還有什麼辦法？

沃夫的團隊探討過各種方向後，最後鎖定一個異常簡單的點子，一件從來沒人做過的事。

他們停止告訴孩子該怎麼做。

數十年來，大人一直在告誡孩子別抽菸。抽菸不好。香菸會害死你。不要碰。千萬不要，絕對不要，一定不要。

其他的公共健康運動也採取類似的做法。

當然，版本會有些許不同。有的呼籲健康的重要性（「別抽菸：抽菸會害死你」），有的抓住重視外表的心理（「別抽菸：你會滿口黃牙」），有的強調體能（「別抽菸：你的運動能力會變差」），有的把重點擺在同儕關係（「別抽菸：沒人想和吸菸的人為伍」）。

然而，不論採取哪種語氣、何種風格，潛台詞都一樣。不論是否直接說出來，永遠是在要求、命令或建議該怎麼做：我們知道怎麼做對你最好，你該照做。

但人是說不聽的。

沃夫的團隊因此沒端出「我們知道這樣對你們比較好」的架子，改請青少年說出自己的觀點，在一九九八年三月召開「青少年菸草高峰會」（Teen Tobacco Summit），讓學生在會上共同討論與了解問題。

此外，沃夫和主辦機構沒告訴青少年抽菸不好，而是讓他們主導會議。團隊做的只有列出事實，包括香菸產業如何靠著操弄群眾與帶風向來推銷香菸；企業如何操控政治系統，藉由體育、電視與電影，讓抽菸看起來很酷。他們告訴青少年香菸產業做了這些事。至於你們希望怎麼做，由你們來告訴我們。

那次的高峰會帶來許多後續的發展。全州性的新組織「學生反菸會」（Students Working Against Tobacco，簡稱SWAT）就此成立，集結年輕人的力量。新設計的作業練習簿也將菸草產業的資訊帶進課堂中（例如：如果一條香菸的利潤是兩美元，賣出十四條，菸草公司高層能賺多少錢？）同時，他們還擬訂出別出心裁的媒體策略。

舉例來說，他們在高峰會後很快推出第一輪的「真相」廣告。兩個普通的青少年坐在普通的客廳，打電話給一本雜誌的主管，詢問對方既然讀者群是年輕人，為什麼還刊登菸草廣告？

主管回答自家雜誌支持反菸廣告，但其中一名青少年又問，雜誌是否願意刊登公益廣告，主管說不願意。被問到為什麼不願意，主管回答：「我們做生意是為了營利。」另一名青少年問：「人比較重要，還是錢比較重要？」主管感到莫名其妙，回答：「做出版是要賺錢的。」接著便匆忙掛掉電話。

就是這樣。

這則廣告沒有命令青少年做任何事。沒有在結尾叮囑青少年別抽菸，沒告訴他們該做什麼，也沒表明做或不做某件事會讓他們很酷。這則廣告只是讓青少年得知，不論他們是否意識到這點，香菸公司正在試圖影響他們——而且媒體涉入這件事。廣告的內容沒有試圖勸說，只不過是列出事實，留給青少年自行決定。

青少年也的確做出決定。

被稱為「真相運動」（truth campaign）的計畫僅推出幾個月，就有超過三萬名佛羅里達青少年戒菸。[11]青少年吸菸率在兩年內減少一半，成為史上成效最佳的大規模防治計畫。

這項先導計畫迅速成為青少年菸草控制的全球模範。防治青少年菸害的國家級基金會成立時，便採取佛羅里達的策略，讓「真相」成為全國運動，聘請沃夫擔任執行副總裁。

在全國運動期間，青少年吸菸率下降七五%。青少年比起之前更不可能開始抽菸，已經在抽的也更可能戒菸。光是在前四年，這項計畫就成功防止四十五萬名以上的年輕人抽菸，省下數百億的健康照護成本。

「真相運動」改變想法的手段成效驚人。究竟多有效？二〇〇二年出現最明確的鐵證：菸草公司提起訴訟，要求終止這項計畫。

「真相運動」能讓青少年不再抽菸，原因是沒叫青少年別抽。沃夫了解青少年聰明到有辦法自行做決定。不過，不只是這樣而已。他明白相較於告訴青少年該怎麼做，不如讓青少年自行決定，最後他們才更可能做出有益的決定。

沃夫讓青少年自行規劃路徑，抵達理想中的目的地。他鼓勵青少年積極參與，不再當被動的旁觀者，讓青少年感到主控權在自己手上，關掉抵制雷達，採取更多行動。[12]

為了減少抗拒心理，催化劑為對方留下決定空間——不直接下達命令，也不完全靜觀其變，找出中庸之道，引導對方的路徑。

四種關鍵的方法包括：（一）、提供選單；（二）、循循善誘；（三）、突顯差距；（四）、從理解著手。

提供選單

讓人自主的方法是讓人們挑選路徑，自行選擇要如何抵達你希望他們去的地方。

家長隨時都在利用這個概念，例如要求小朋友吃某種食物，通常會失敗。孩子要是原本就不想吃花椰菜或雞肉，強迫他們吞下，只會讓他們更加抗拒。

聰明的父母不會強迫小朋友，會給予選擇：你想先吃哪一個，花椰菜還是雞肉？

提供孩子選項，孩子會感到事情是由自己掌控：**爸比媽咪沒命令我；我自己挑想吃的東西**。

然而，爸媽提供的選項引導了孩子的決定。小麗莎吃下她需要的營養食物，只不過是依據她挑選的順序。

你需要看醫生打針，你想打在左手還是右手？你必須準備上床睡覺了，你想現在就洗澡，還是刷完牙再洗？這一類**引導式的選擇**，讓孩子保有自由與掌控感，又能協助父母達成想要的結果。[13]

聰明的老闆也常做同樣的事。潛在的受僱者知道應該要談條件，也因此幾乎不論公司提供什麼條件，他們通常要求往上加。

處理這種情形的方法之一是讓面試者自己挑：多一星期的休假等同薪水少五千美元；薪水多一萬的話，股票會減多少。

允許潛在雇員挑選哪個層面對他比較重要，可以讓他們在過程中感到自己扮演著更積極的角色[14]——順利的話，就能滿足他們的談判需求。讓應徵者擁有老闆會同樣開心的兩個選項，應徵者感覺握有更多自主權，又不會傷害到老闆的利益。

這個方法就是**提供選單**——人們可以在幾個有限的選項中做選擇。

如果去義大利餐廳吃晚餐，大部分的餐廳提供一個以上的食物選項。大駕光臨的顧客可以挑選肉丸義大利麵或羊肉醬寬麵、波隆那肉醬或夏威夷豆青醬。

消費者能否想點什麼就點什麼？不行。他們不能點壽司、炸春捲、羊肉串燒，或是任何餐廳沒提供的各式餐點。

儘管如此，顧客可以挑菜單上有限的幾道菜。那是選擇，只不過是有範圍或受到引導的選擇。餐廳列菜單，消費者在範圍內挑選。

廣告公司向客戶簡報也會做類似的事。如果廣告公司只分享一個點子，客戶會整場會議忙著抓簡報的漏洞、挑三揀四，列出種種行不通的理由。

聰明的廣告公司會因此提出數個方向——不會到十或十五個那麼多，而是兩三個——讓客戶挑最喜歡的一個。不論最後客戶挑中哪條路，他們接受提案的機率都會增加。

試圖說服人們做某件事，他們會花一堆時間唱反調，想出各種那樣做不好的理由，或是為什麼做別的會更好：滿腦子都是為什麼**不想**做別人提議的事。

但是，只要給人們幾個選項，轉瞬間，事情會全然不同。

只有一個建議時，人們會思考那個建議哪裡有問題；有數個建議時，他們會開始想哪一個比較好。從尋找提案的漏洞，變成思考哪個對自己最有利。此外，由於他們參與了過程，最後更可能接受其中一個選項。

我朋友向我抱怨，太太總是詢問他的意見，接著又否決他提議的事。另一半會問：「你晚上想去哪裡吃飯？」或「你這個週末想做什麼？」但我朋友要是回答：「墨西哥菜好像不錯。」或「星期天去看某某慶典好了。」太太就會拒絕：「我們上星期才剛吃過墨西哥菜。」或「我覺得星期天會很熱，不適合整天待在戶外。」

我朋友快瘋了。「她幹嘛要問我想要什麼，就為了否決我？」他抱怨，「難道她把我當成某種反指標？」

我朋友後來採取稍微不一樣的做法，不再只提一個選項，而是兩個。從問要不要吃墨西哥菜，變成墨西哥菜或壽司感覺都不錯。從建議參加慶典，改成提議看要參加慶典，還是追一部他們兩人都喜歡的劇。先生從給太太一個選項，變成提供選單。

突然間，大嫂不再爭論。她從未欣然同意他的兩個提議，依舊會想出其中一個選項不理想的理由，但至少會從兩個中挑一個。

因為有兩個選項後，就不會只是先生強加在妻子身上的建議。那是她的主意，畢竟那是她挑的。15

循循善誘

替他人留下決定空間的另一種方式是發問，而不直接發表定論。

納飛茲．阿敏（Nafeez Amin）和人合開雪帕補習班（Sherpa Prep），那是美國華盛頓特區的一間考試準備與入學顧問公司，提供GMAT與GRE課程，十幾年來協助數百位學生進入全國最好的研究所。

然而在早期的時候，納飛茲注意到有個問題一再出現：學生讀書讀得不夠勤。納飛茲除了管理公司，通常也參與教學。大部分的學生已經好幾年沒念數學，GMAT又不允許考生用計算機，因此課程第一天通常從一些基本的算數暖身。此外，納飛茲會大致提一下課程的安排方式，鼓勵學生擬訂讀書計畫，最好還能向朋友透露自己正在補習，這樣比較不會半途而廢。

可是當納飛茲和學生討論的時候，他發現學生把目標放在很好的學校，卻不知道那需要非常認真讀書，GMAT才可能達標。許多學生根本沒做好背水一戰的心理準備。人人都申請相同的前十名頂尖學府，卻以為只需要付出一小點努力就能進去。學生不明白，頂尖學校的錄取率通常只有五％，而且申請者之中臥虎藏龍。

許多人報名補習班時，想說自己以前申請大學的SAT分數打敗群雄，或是以前考試都考很好，沒問題的。然而申請研究所是不同的戰場，對手不再是一群懵懂高中生。納飛茲的學生這次不僅要和其他的大學畢業生比拼，而且大家的大學成績都好到足以繼續念研究所。這次的競爭對手是頭腦更聰明的一群精銳。光是以前的認真程度還不夠。

納飛茲問學生課後打算花多少時間溫習，他聽到的數字低得驚人。大部分的人說一星期五小時，最多十小時。課程結束時，大約讀了五十小時的書，但學生如果要拿到心目中的漂亮分數，需要讀兩三百小時的書。五十小時差遠了。

然而當納飛茲試圖告訴學生這個事實，大家只是呆呆望著他，不相信他說的話；或是聽到要那麼累，乾脆打退堂鼓。開課第一天的反應非常不佳：**這傢伙憑什麼告訴我，我必須更認真念書**？

納飛茲不希望潑冷水，但他希望學生認清事實，了解他們課後還得花更多時間念書。考好GMAT遠比想像中困難，要花的時間比預期的多，要努力一段時間才會見到成果。

納飛茲因此改變方式，不再告訴學生他們需要做什麼，而是問他們要什麼。下一次他教課時，一開始就先問：「你們為什麼來這裡？你們的目標是什麼？為什麼要考GMAT？」

學生回答：「我們想進入最好的商學院。」

「好，那你們知道要進那些學校，需要多少分嗎？」

一名學生回答：「我需要七百二十分。」另一名學生回答：「七百五十分。」

「你們要如何考到那些分數？」納飛茲問。

學生此起彼落回答，開始對話，討論完後發現，每年考GMAT的人大約有二十五萬人。排名前二十的MBA課程，入學人數大約是一萬人。換句話說，僧多粥少。學生開始發現進研究所比想像中困難許多。

學生意識到這件事之後，納飛茲開始把對話引導到他最初想抵達的地方：大家需要多努力念書。「如果要考到高分，落在你們要的百分位數，你們認為一星期需要讀幾個小時的書？」納飛茲問。

學生沒用猜的，也沒隨便拋出一個數字，他們發現自己不知道答案，開始反問納飛茲問題。「老師，你輔導學生有一段時間了，你認為需要花多久的時間？」學生問，「像我這樣的學生，通常需要讀幾小時的書，成績才能進頂尖的學校？」

賓果。

這下子納飛茲拋出三百小時的數字時，每個人都認真聽他說話。學生計算一下，發現不可能在十週的課程內、一星期讀五小時的書，就達到大約三百小時，必須調整計畫才行。討論結束時，學生說自己會念書的時數，變成一開始的三倍。

納飛茲利用發問來促成結果。學生更認真讀書、從課程中獲得更大的收穫，考試成績也變好。納飛茲靠的不是直接告訴學生他們需要多少溫習時數，而是協助他們自行找出答案。

發問可以帶來兩種效果。首先，就和提供選單一樣，問題會轉換聽眾扮演的角色，不再忙著反駁，想出所有他們不認同某個說法的理由。他們的心思被另一件事占據：找出問題的答案。他們把注意力放在那個問題帶來的感受、他們有什麼看法。大部分的人樂於談關於自己的事。

第二，更重要的是發問可以促成接受。人們極可能不想聽別人的話，想照自己的意思做；而此時問題的答案可不是**隨隨便便**的答案，而是**他們自己**的答案。由於這是他們個人的答案，反映出他們自己的想法、信念與偏好，這樣的答案更可能驅使本人行動。

警告標誌與公衛宣導通常能提供資訊，但採取聲明的形式，如：「垃圾食物會讓你變胖」或「酒駕是謀殺」。

這種做法的目標是開門見山、直接了當，但通常給人的觀感是愛說教。民眾心生抗拒，開啟防禦模式反應：「哼，垃圾食物才不會讓你變胖；我認識很多人都吃麥當勞，體重從來都沒增加過。」或是「這廣告也太誇大。我朋友上星期就是喝酒後開車，也沒死人。」尤其是人們對某個議題有強烈看法時，太強勢會讓他們感到被脅迫，使訊息造成反效果。

不過，相同的內容可以用問問題的方式來傳達：你認為垃圾食物對你有好處嗎？

如果某個人的答案是「沒有」，這下子他們進退兩難。請他們解釋自己的看法時，這個問題會鼓勵他們踏出第一步。他們清楚意識到垃圾食物對自己沒好處，而一旦承認，就比較難繼續吃下去。

問題會促使聽眾**按結論去做**。不論怎麼答，行為要符合自己給出的答案。

納飛茲問學生想考到多少分，但他不是隨機選中那個問題。納飛茲會那樣問的原因是，他知道學生的答案將引導學生抵達他一直希望他們抵達的地方。[16]

某間醫療器材公司的高階主管因為業務人員不肯帶下屬感到困擾。她寄出一封又一封的電子郵件、開了一場又一場的會議，鞭策資深員工指導自己負責的新人。然而，催也沒用。獎金是取決於成交量，因此管理人員寧願把時間花在談生意上，無暇訓練別人。

事情缺乏進展讓那名高階主管沮喪不已，最後問一名業務：「你是如何成為如此成功的銷售人員？你今天使用的一切技巧是在哪裡學的？」

業務回答：「喔，我跟提姆學的。他是我以前的上司，已經離開公司了。」

高階主管想了想，接著問：「那如果你的團隊無法向你學習，他們要如何進步？」

如今那位業務是全公司最優秀的導師。

你是否企圖改變公司文化，或是要讓團隊支持不愉快的公司重組？催化劑不會把事先定好的計畫硬塞給同仁，恰恰相反，他們先從問問題開始。去找會受到計畫影響的人，徵求他們的意見、讓他們參與規劃過程。

這種做法有兩種好處。第一是能蒐集到問題的相關資訊——不只是問卷資料或道聽途說，而是從每天實際負責處理的同仁那聽到實情，得出更有效的解決方案。更重要的是第二項優點：當方案出爐時，更可能受到所有人的支持。大家不會感覺是上面的人一聲令下、他們就被迫接受，反而感到自己也參與了改變的過程。他們已經替結論出力，也因此更願意花心力讓結論成真——這點將加快改變的速度。

循循善誘才是上策。＊

突顯差距

「提供選單」或「循循善誘」都能避免剝奪人們的主控感。不過，還有另一條路徑可以通往自我說服，也就是強調差距——指出言行不一之處；建議別人做的事，不同於自己實際做的事。

「可以借個火嗎？」

凡是有在抽菸的人，就算只是偶爾抽，八成至少被問過這句話一次、甚至是無數次。當同道中人禮貌詢問這件事，就像有人請求幫忙按著電梯一樣，大部分的人都不會拒絕。

然而，泰國的吸菸者在街上被攔下借火時，他們的反應完全不一樣。第一名吸菸者說：「我不會借的。」第二個人回答：「香菸有毒。」第三個人責罵：「香菸會讓你的喉嚨破洞得癌症。你不怕要開刀嗎？」抽菸會讓你早死、得肺癌、引發各式各樣的病痛，他們這樣說。

說出這些話的人不是公衛人員，而是平日就在抽菸、手上的菸正燒到一半的路

＊換個方式想：你認為哪一種做法比較可能改變人們的看法？用問的，還是命令他們？

人，但他們卻滔滔不絕講著吸菸如何如何不好。

他們會這樣做，原因出在借火的人。

向他們借火的人是一些孩子。有穿著猴子T恤的小男孩，也有綁著雙馬尾的小女孩，他們身高不到一百二十公分、年齡不滿十歲，從口袋掏出香菸，彬彬有禮地向抽菸的人借火。

路人不肯借孩子打火機，通常還訓斥一頓。孩子會走開，但離開前遞給抽菸的大人一張紙。紙折成四折，很像學校裡講悄悄話的小紙條。「你關心我，」上頭寫著：「那你為什麼不關心你自己？」

紙條下方寫著免付費電話，打過去能協助你戒菸。*

「泰國健康推廣基金會」（Thai Health Promotion Foundation）宣導免費的戒菸協助熱線電話，已經超過二十五年，但儘管砸下數百萬美元的廣告費，努力傳達勸民眾戒菸的訊息，仍很少人打電話過去。吸菸者無視基金會的廣告，對訊息漠不關心。他們知道吸菸不好，但不會想辦法戒掉。

基金會於是在二〇一二年嘗試移除阻礙。他們發現最有說服力的人，不是基金會或名人，而是抽菸者本人。人們必須說服自己，才可能真的戒掉。基金會籌備「抽菸的孩子」（Smoking Kid）活動時，把這點銘記在心。

幾乎每一個從孩子那兒拿到紙條的吸菸者都丟掉了手上的香菸，但沒有一個人扔掉那張傳單。

「抽菸的孩子」的預算僅五千美元，媒體支出是零，卻有驚人的成效。打電話給協助專線的人暴增六成以上。那支拍下孩子與抽菸者互動的影片被瘋傳，不到一星期觀看次數就超過五百萬。幾個月後，打電話給協助專線的人持續成長近三分之一。許多人把「抽菸的孩子」譽為史上最有效的反菸宣導活動。

「抽菸的孩子」廣告會成功，原因是突顯了差距：吸菸者建議其他人（孩子）做的事，不同於自己在做的事。

人類會尋求內在的一致性，態度、理念、行為要能一致。說自己關心環保的人會

＊該戒菸運動的影片，請見：jonahberger.com/videos。

嘗試減少碳足跡；宣揚誠實是美德的人會努力不說謊。

態度與行為互相衝突時，人們會感到不安。為了減少那種心虛的感受（科學上的專有名詞是「認知失調」（cognitive dissonance）」，人們會採取步驟讓事情回歸正軌。

泰國街邊的抽菸者正是碰上心口不一的問題。他們自己抽菸，卻告訴孩子抽菸不好，等於是自打嘴巴。他們的態度與行為不一致。如果要減少不一致的情形，必然有東西得改變。他們可以改口告訴孩子，其實抽菸一點都沒有不好；或是更仔細地檢視自身的行為，更認真考慮戒菸。他們最後挑了第二條路。

研究人員利用了類似的點子促使民眾省水。[17]加州面臨週期性的缺水問題時，大學的行政人員期盼學生縮短洗澡時間，多省一點水。傳統的規勸方式帶來一些成效，但不夠多。

科學家於是強調「態度」與「行為」之間的差距。研究助理站在聖塔克魯茲加州大學（University of California, Santa Cruz）的女更衣室外，詢問準備洗澡的學生，願不願意在鼓勵省水的海報上簽名。「縮短沖澡時間」的海報上寫著，「如果我可以，你也做得到！」

支持對社會有益的理念？學生當然樂意幫忙。

學生簽完海報後，被問到幾個簡短的問題，說明自己的用水情形，例如：「沖澡時，你在塗肥皂或抹洗髮精時，每次都會關水嗎？」這一類的發問突顯出學生自身的行為並不理想，有時會在沖澡時浪費水。

最後，被攔下的學生去洗澡。第二名研究助理在學生不知情的情況下，暗中記錄他們開了多長時間的水（為了確保學生不知道自己被計時，助理在別的洗澡間假裝淋浴，用防水的碼表計時）。

突顯出學生的態度與行為之間的差距後，成功大幅降低用水量。學生的洗澡時間減少一分鐘以上，降低超過二五％。此外，他們抹洗髮精或肥皂的時候，關水的可能性變成兩倍。

研究人員藉由提醒學生他們有時會說一套、做一套，成功促使他們改變行為。

即使不一致的情況不明顯，突顯差距的做法依然有用。

否認有氣候變遷這回事的人，依舊不太希望把髒空氣留給後代子孫。遵守無效率的過時流程的員工，不太可能把同一套做法推薦給新人。人們說的或做的，和他們想要的、想推薦給別人的不同。

舉例來說，不成功的專案或一直賠錢的部門的確該砍掉，但有的人會無法放手。「給他們一次機會吧，」這些人說，「再多給一點時間。」慣性會起作用，人們感到無法放手，就算他們也認為該放棄。

與其試圖說服人們放棄，不如換個做法：改變參照點。

如果今天是從零開始，根據他們目前所知，他們建議展開這項計畫嗎？公司如果來了新執行長，他們會建議留著那個部門嗎？如果不會，為什麼我們要留著？

突顯這樣的不一致，攤在陽光下，不僅可以鼓勵人們看出矛盾的地方，他們還會開始想辦法解決。

從理解著手

雖然乍聽之下令人訝異，催化劑提供自主權的最後一種方式，要回到本書開頭韋

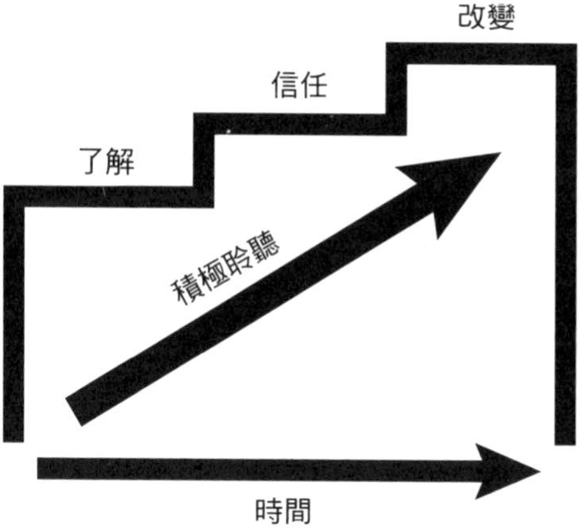

齊等人質談判專家使用的方法。

過去數十年間，談判人員仰賴一種簡單的階梯模型。無論是說服國際恐怖分子釋放人質，或者是讓民眾放棄自殺意圖，這套基本步驟都能發揮作用。

第一步不是施加影響力或加以說服。如同大部分的人試圖改變他人心意時做的事，新手談判者總想要直話直說：「現在就釋放人質，否則我們就要開槍了！」立刻跳到自己想要的結果。

這種戰術理所當然行不通。聽在耳裡太過直接、侵略性過強，通常會造成衝突升高。試圖用這種方式影響他人，十分自我中心。不在乎另一方，不關切他們要什麼、動機是什麼，一切都是我我我，我想要什麼。

人們會改變的前提是把話聽進去，是信任跟自己對話的人。在那之前，你說破了嘴也沒用。

想一想為什麼口耳相傳的效果會勝過廣告。如果廣告說一間新餐廳很棒，人們通常不會相信，因為他們不認為廣告所說的值得信任。

然而，如果是朋友說某家手工義大利寬扁麵好吃，人們會比較願意嘗試。為什麼？因為朋友已經贏得他們的認可。他們認識這個人的時間，久到能假設對方把他們的最佳利益放心上。

經驗豐富的談判人員，因此不會開頭就說**自己**想要什麼，而是先去認識他們試圖改變的**那個人**，了解到底是怎麼一回事。談判人員會想辦法理解與體會對方的情形、感受與動機，讓對方知道有人懂他們。

人處於危機中會感到孤立無援，憤怒又沮喪，希望有人聽他們說話。然而，他們會走到今天這一步，就是因為感到沒有任何人聽他們說話。

因此韋齊每次談判都以相同的方式開場。不論對方是五歲小孩或五十歲的銀行搶匪，是想自殺的母親或殺人犯，韋齊的開場白永遠是：「嗨，我是FBI的韋齊。你還好嗎？」

他並不採取正式的辭令，例如：「我是聯邦調查局的特別探員韋齊。」更不會說：「現在就高舉雙手走出來，否則我們就進去抓你了。」那種方法不是很能建立信任感。

相反地，韋齊先搭建橋梁。他讓對方開口，不批判，不插嘴，以此建立關係，讓對方感受到自己是這場互動中最重要的當事人。韋齊問對問題，讓對方看出他真的用心在聆聽，他在乎這件事。

除了表達同情與理解，韋齊的開場白還能蒐集寶貴資訊。「策略性同理心」（tactical empathy）能協助談判人員理解根本問題出在哪：為什麼嫌犯會苦惱、他們需要什麼。聰明的談判人員會從當事人的角度出發，以他們為中心，藉此建立連結及奠定影響力的基礎。

對缺乏經驗的談判者而言，這點通常最難做到，因為不僅要聽另一方說話，還得從對方的觀點出發，而不是直接開始解決問題。但是唯有基礎打好了，才可能得出解決辦法。

因為當人們感到真的有人用心在聽自己說話、關心他們好不好，就會生出信任感。韋齊形容，這是在成為協助他們的人。變成他們的支持者、替他們達成想要的事。「你聽起來餓了，我幫你找點食物。」、「你需要逃亡用的車？你想要哪種車？」韋齊成為中間人，成為對方的夥伴；他一開始就表明自己是來幫忙的，他們是一個團隊。

就連韋齊的用語也顯露出這點。「**你和我**會一起想出辦法。」、「**我們**必須**一起**努力，因為**我們**不希望這件事超出**我們的**掌控，對吧？」利用「我們」這種包含式代名詞，建立起一處韋齊會盡全力協助與保護對方的世界，但對方得協助韋齊做到。人類很難對想幫自己的人發脾氣。

唯有在理解對方、建立信任感後，韋齊才試著改變對方。他必須讓對方聽得進他的建議與引導。

即使是達到這個階段後，韋齊依舊一定會從對方的角度來解決事情。打算搶銀行的歹徒綁架兩名人質？不可能叫歹徒自己出來，好讓韋齊這邊的人抓。韋齊的確希望搶匪那麼做，但搶匪可不想鋃鐺入獄。

更有效的手段是讓搶匪感覺解決方案是**他們的**點子，讓他們自己說服自己。韋齊利用銀行搶匪自己的措詞，模仿他們說話，以達成他想要的目標。他鼓勵銀行搶匪自行得出結論，認為最好的一條路就是高舉雙手投降。

前述幾段話的意思，不是銀行搶匪想要什麼都照辦，因為搶匪最想做的事是拿著錢逃之夭夭，就此消失得無影無蹤，全身而退。韋齊不能讓這種事發生。

韋齊的做法最厲害之處，在於他讓搶匪想要照做。不是靠**命令**，而是讓搶匪感到他是在為他們著想，以此推動搶匪抵達他從頭到尾都想讓他們抵達的地方。也就是讓搶匪認定若要達成自身目的，最好的辦法就是自首。

幾年前，韋齊正試著化解一名父親（以下化名為約翰）的自殺意圖。約翰意志消沉，因為失業後找不到新工作，擔心養不起家人。他唯一想到能幫助家人的方法就是自殺。他保了金額很高的壽險，要是自己死了，家人可以靠保險金過活。

一般人碰到這種事，第一反應是單刀直入。約翰如果是自殺死的，保險公司根本不會理賠。我們應該向約翰點出這件事，對吧？

然而，約翰不是那樣想事情。他的理解不是那樣。如果你開頭就試圖跟他講理，從你的觀點出發、而不是他的，約翰大概真的會自殺。

韋齊開始與約翰講話，他自我介紹，問約翰還好嗎？接著開始了解背後的問題。

「我替公司做牛做馬二十年，」約翰說，「最後卻被趕出公司，現在沒有收入，所有的東西都是銀行的。我得照顧我的家人，我這麼做是為了家人。我的保險金很高。沒人需要我。」

「跟我談談你的家人。」韋齊說。韋齊此時化身為「幫助先生」，試著了解約翰這個人，他關心約翰。

「我，那個，我有太太和兩個很棒的孩子。」約翰說。

由於約翰把重點放在孩子身上，韋齊選中那個正面的話題，進一步探索。「跟我說說你的孩子。」

「嗯，我有小孩——兩個都是兒子。」約翰說。

「兩個都是男孩？真的啊？」韋齊開始換句話說，模仿約翰講話。

「對。」約翰回答。

「聽起來你很愛他們。」韋齊說。他替約翰的情緒定調，「聽起來你真的很愛他們。」

「嗯，對，我當然愛他們。」約翰說。

「你一定是非常、非常好的爸爸，你試著做對的事。」韋齊說。

「嗯，對，當然是這樣，對吧？」約翰回答。

韋齊讓約翰聊起孩子，講他們父子間的關係。約翰希望兒子當好孩子，懂得尊重女性。他會帶孩子去釣魚，傳授生活技能。孩子們很喜歡待在爸爸身邊。

他們聊了一陣子後，約翰吐露了許多資訊，韋齊回應道：「哇，天啊，約翰，我覺得你要是今天自殺，你的兒子會失去最好的朋友。」

說完這幾句話後，現場寂靜無聲。

韋齊也保持安靜，讓約翰琢磨他剛才說的話。

韋齊這下子把難題放進約翰腦中，他沒告訴約翰該做什麼，也沒催促他千萬別自殺，只是聆聽，換個方式重述約翰自己說的話。由於韋齊已經和約翰建立關係並協助他，而且不帶批判，約翰很難不聽進韋齊的話。

好了，約翰不會自殺了，因為自殺已經不再像是可行的選項。

阻止他人自殺是極端的棘手情境，最好大部分的人都永遠不會碰上這一天。

不過，韋齊的方式同樣適用於各式各樣的日常事務。從和供應商的公事對話，到伴侶間的爭吵。與其試圖說服，不如從理解對方著手。為什麼供應商的價格高過你想要的價格？或許他們成本提高了。另一半很氣洗水槽裡的髒碗盤？或許問題真的出在盤子本身，但也可能是沒洗的碗一直讓對方想起某個懸而未決的大問題。

人們感到被理解、被關懷時，就會產生信任感。供應商知道目標是長遠的夥伴關係，而不是只賺眼前這一筆。另一半明白了有時髒盤子就只是髒盤子。把事情說開時，你們將一起找出解決的辦法。*

道理如同幫花園除草。最快的方法是抓住葉子、讓雜草從地面斷開，接著再拔下一根。

雖然這似乎是立即見效的方式，長遠來說效果不彰。由於斬草沒除根，野草還會長回來。看上去是捷徑，最後卻花掉更多時間。

真正要去除野草或是改變看法，就得找到源頭，挖出究竟是什麼樣的需求與動機，導致當事人出現這樣的行為。追根究柢後，自然能水到渠成。

談判人員改變當事人想法的戰略，進一步的解說請見〈附錄：積極聆聽〉。

轉換抗拒心理

人們要是感到別人在逼迫或試圖說服自己，通常會反抗並堅持己見。

如果要改變一個人的想法，別再努力說服對方，要鼓勵對方自己說服自己。如同聰明家長的例子，我們需要提供選單或引導式的選項，讓人們自行選擇道路，通往理

＊從理解對方著手，也能確保另一方有機會說出心聲，削弱人們心中的反說服雷達。在大部分的談判、爭論或討論，人們會花很多時間想接下來要說什麼：為什麼你剛才說的不對、為什麼他們那一方才對。他們沒專心聽你說的話，心中盤算著要如何反駁；他們沒仔細聽你想說的內容，因為忙著「見縫插針」，找機會跳出來講自己的論點。給別人機會解釋自己，將增加他們認真聽你說話的機會。

想的結果。如同補習班老師納飛茲的例子，我們必須循循善誘，利用發問，鼓勵人們替自行得出的結論努力；讓對方明白若要達成他們在意的結果，我們的意見其實是最好的一條路。如同泰國健康推廣基金會的例子，我們需要突顯人們「建議他人做的事」與「本人做的事」之間的差距或不一致。此外，如同人質談判員韋齊的例子，我們需要從理解著手，抓到問題的源頭，建立信任感。

沒人喜歡感受到別人正試圖影響自己，畢竟上一次你因為別人跟你講了，就真的改了，是什麼時候？

範例時間

化干戈為玉帛

從青少年不再抽菸、業務願意帶新人、另一半接受你的提議，再到罪犯主動投降，目前為止我們已經看到在好幾種情境下，催化劑如何藉助減少抗拒心理，推動改變。

然而，這個概念真的能讓**任何人**都改變嗎？

六月一個天氣晴朗的星期天早晨，電話響了。麥可與茱莉·魏瑟（Michael and Julie Weisser）夫婦坐在餐桌旁。他們才剛搬到新家幾天，大型的開放式廚房角落，堆著收拾到一半的紙箱小山。

離電話最近的麥可拿起話筒：「喂？」

線路的另一頭傳來暴躁的男人嗓音，話中帶有深沉的恨意：「猶太豬，你們會後悔這輩子搬進藍道街五八一〇號。」

對方放完狠話，立刻掛斷。18

魏瑟夫婦先前為了開闢新天地，搬來內布拉斯加州的林肯市（Lincoln）。當時此地歷史最悠久的耶書崙猶太會堂（Congregation B'nai Jeshurun）正在尋找新的精神領袖。而麥可在全美各地擔任過猶太教的領唱與拉比等職位後，正在尋求新挑戰。

林肯市主要是個基督教福音派的社群，二十萬居民中只有幾百個猶太人。平日上猶太改革派會堂的信眾，更常常不到十幾人，麥可努力增加參與人數。

麥可搬到林肯市兩年半後，會堂的成員成長至一百個家庭。麥可帶來了新氣象。

接著突然出現那通令人毛骨悚然的電話。

那個人怎麼會知道他們家的地址？更別說還知道他們是猶太人？夫妻倆最擔

心的事，就是孩子放學後會單獨在家，直到爸媽做完工作。

兩天後，事情雪上加霜。

茱莉上了很長的一天班，返家後到信箱取信。平常的帳單與郵件裡，夾著一個厚厚的棕色信封，收信人是麥可．魏瑟拉比。

茱莉走進屋內，拆開信封，倒出一疊傳單和小冊子，上面全是種族歧視的內容，一頁比一頁可怕，畫著刻板印象中巨大鷹鉤鼻的猶太人，或是黑人頂著大猩猩的頭。宣傳納粹思想的小冊子支持大屠殺，引用「官方」說法，指出「已經證實」白人以外的種族較為低等。

那疊東西最上方的小卡片寫著：「3K黨盯上你了，人渣。」

魏瑟一家人以前也碰過種族歧視。他們住在曼菲斯（Memphis）的時候，兒子的女友是非裔美國人，因此被說成「背叛種族」。還有一次，有人在學校走到

魏瑟家的女兒面前咆哮，指稱她是「殺了耶穌的猶太人」。

然而先前的事都沒這次可怕。

警方對這件事的回覆很明確。「這樣說吧，」一名警員表示，「如果寄這個包裹的人是地方上的3K黨領袖——我們懷疑是他——他是個危險人物。我們知道他有在製造爆裂物。」

警方指的是賴瑞．崔普（Larry Trapp），這個人是地方上的白人至上主義領袖，也是3K黨白騎士團（White Knights）的龍頭老大，整個州都由他領導。他的目標是「把內布拉斯加州建設成全國最重要的3K黨重鎮」。

崔普熱愛暴力，平日囤積機關槍與自動武器，在地方上煽風點火，引發暴力衝突。他曾威脅當地的越南難民協助中心，還派手下在夜間闖入縱火。

魏瑟夫婦不知該如何是好。他們加裝門鎖，確認門窗都鎖好了才出門。每當有車子緩緩駛過房子附近，他們就驚慌不已。孩子開始每天放學走不同的路，以免被盯上。麥可與茱莉痛恨被恐嚇的感受，但也無計可施。

茱莉開始蒐集崔普的資訊。她在當地的醫療診所工作，發現崔普在當地的醫療界惡名昭彰。崔普小時候就得了糖尿病，但一直沒接受治療，造成他近乎失明。糖尿病還嚴重影響他的腿部血流，後來不得不切除腳趾，最後雙腿都截肢。

崔普被困在輪椅上，看過一個又一個醫生。不管到哪，都對醫療人員咆哮、不配合治療，還口出穢言。派遣中心一度拒絕派人到他的公寓救援，因為崔普曾經拿槍指著護士。

茱莉拿到崔普的地址，一天開車回家時，不經意繞到那附近。崔普住在平凡無奇的棕色平房公寓裡。茱莉心想，為什麼崔普要做那些可怕的事？他瘋了嗎？還是太寂寞？為什麼他心中滿是恨意？

茱莉開始一次次開車到崔普家附近，沮喪之餘翻閱聖經，突然看到一段詩句完全是崔普的寫照：「無賴的惡徒，行動就用乖僻的口……心中乖僻，常設惡謀，布散紛爭。所以，災難必忽然臨到他身；他必頃刻敗壞，無法可治。」（箴言6：12-15）

那段經文帶給茱莉靈感，她考慮寄信給崔普，分享這段箴言。麥可不確定這樣做好不好，指出就算要寄，也該匿名。茱莉的朋友也有同感。「你根本不知道這個人的心態是什麼。他瘋了，精神異常！你不曉得他會做出什麼反應。」

幾星期後，崔普領導的光頭黨，出資在地方上的公共電視台播放節目。白人亞利安反抗組織（White Aryan resistance）把幾段影片剪輯在一起。畫面上，納粹、3K黨與類似的團體四處突襲，到處散布仇恨與白人至上主義，但社區協調員表示，電視台無法因為內容有爭議就拒絕播出，那些畫面依舊出現在所有觀衆面前。

節目內容令麥可反胃。崔普害那麼多人心生恐懼，卻完全不受制裁。麥可再也無法坐視不管，決定打電話給崔普。

麥可取得崔普的電話號碼，但打過去沒人接，電話答錄機的留言錄音是一段惡毒的咒罵。

麥可沒留言。答錄機的錄音停止後，他再度打過去占線，心想：**至少這樣一**

來，別人就不必聽這種垃圾錄音。

沒過多久，麥可開始定期打電話過去，最後終於決定留言。麥可其實忿忿不平，很想對著崔普破口大罵，使出所有的力量威脅他，但麥可是個有信仰的人，所以只在留言裡說：「賴瑞，你最好思考一下你散布的一切仇恨，因為有一天你將得向神交代你的仇恨，這可不容易。」

後來麥可開始只要有空，就打給崔普，留下簡短的一段話。「為什麼你恨我？你甚至不認識我，你怎麼可能恨我？」另外一次他說：「賴瑞，你知道嗎？希特勒的納粹上台後首先通過的法律，就是滅絕和你一樣沒腿的人……你知道你有可能成為第一批死在他手下的人嗎？為什麼你這麼喜愛納粹呢？」

麥可的留言有的很直接，有的委婉。但在某種面向上全都很有力。「賴瑞，外頭有很多愛。你沒獲得任何愛。你不想要一點愛嗎？」

麥可稱自己的留言為「愛的叮嚀」。

在收到麥可留言的期間，崔普的自身處境愈來愈糟，他面臨著一連串的噩夢。以前的鄰居為了他留下辱罵和威脅的訊息提起訴訟。某個崔普所敬重的3K黨成員，被其他兩名黨員搶劫殺害。崔普自己的健康也每況愈下。

雪上加霜的是，答錄機裡的留言愈來愈令他困擾。他不知道何時又會接到電話。那頭的聲音永遠溫暖、悅耳，洋溢著幸福喜樂。

那些留言令崔普憤怒。打電話的人究竟以為自己是誰？一定得制止這個人。所以當那個人又打電話過來時，崔普接起電話，「你他媽到底想幹什麼？」他惡狠狠地問，「你到底為什麼要騷擾老子？別再騷擾我！」

「我不是在騷擾你，賴瑞，我只是想和你談談。」

「你**就是**在騷擾我。你想要什麼？快說。」

麥可停頓了一下。「我在想，你有可能需要一些幫忙。」麥可回答，「我覺得我或許能幫上忙。我知道你坐輪椅，也許我可以載你去雜貨店什麼的。」
崔普沒想到會聽到這些話，不曉得如何回應。
雙方默不作聲。
最後，崔普清了清喉嚨，聲音首度聽起來不一樣，少了點恨意，也不再那麼冷酷。
「你很好心，但我沒問題，還是謝了。以後不要再打這支電話，這是我做生意的電話。」

某個星期六晚間，魏瑟夫婦正在家聊著要看哪部電影，電話響了。打電話的人說要找「拉比」，麥可接過電話，立刻認出那個聲音。
「我想脫身。」崔普說，「但我不知道怎麼樣才有辦法。」
「你需要協助嗎？」麥可問。

「我不知道該說什麼。」崔普回答。「我不知道，我有點不舒服。我想是這一切讓我不舒服。」

麥可提議到崔普家看他，崔普拒絕。麥可問他是不是餓了，最後崔普讓步。麥可表示會順道帶食物過去，崔普給了他公寓號碼。

崔普打開家門時，麥可和他握手。崔普像被電到，縮了一下，眼淚流了下來。他望著手上的納粹符號，感到再也無法戴著那些戒指，拔下來交給麥可：「它們代表著我這一生的仇恨。你把它們帶走，好嗎？」

崔普痛哭流涕。「對不起，」他說，「對我做過的事，我很抱歉。」麥可與茱莉抱住他，告訴他一切都會沒事的。

一九九一年十一月十六日，崔普正式退出3K黨。接下來，他向所有他傷害過、威脅過的人致歉，寄信給新聞媒體，為他「曾對內布拉斯加州的許多種族與個人，所使用的暴力語言和族群歧視的稱呼」而道歉。

崔普清掉家中經年累積的種族歧視痕跡，洗心革面。

他和魏瑟夫婦成為關係密切的好友。

那年的跨年夜，崔普得知自己腎衰竭，只剩不到一年可活。魏瑟夫婦邀崔普搬進家中，崔普同意了。魏瑟夫婦把客廳改造成臥室，茱莉辭去工作，照顧身體日益衰弱的崔普。

崔普最後在麥可的會堂皈依猶太教，那個他曾經打算炸掉的地方。三個多月後，崔普在魏瑟夫婦家中去世。

崔普的整個童年都在逃離虐待他的父親，然而有意無意間，他成年後的生活，幾乎都在試圖取悅父親，一個高調的種族主義者。弔詭的是，模仿那些曾傷害自己的事，給了崔普走下去的力量；直到有一天，有人讓他看見人生還有其他選項。

麥可不是第一個試著促使崔普改變的人，警察就曾經一遍又一遍地把崔普拖到警局。

但是，警方當年唯一的做法只有祭出懲罰：「我們一定得盡全力制止這種惡行。」警方不曾停下腳步想一想問題的源頭是什麼。崔普這個人碰上什麼事，導致他會有這樣的行為？

數十年前，麥可最初在會堂理事面前接受職務面試時，他談到愛、寬容與不作惡等核心宗教信條的重要性。「所謂的『愛鄰如己！』不是指和我們一樣的鄰居。真正要談的是和我們**不同**的鄰居。」

麥可被問及為什麼崔普會洗心革面時，提到類似的概念。

不論如何施壓，崔普都不可能放棄3K黨，但麥可遞出橄欖枝，告訴崔普有人關心他，讓崔普看到比仇恨更強大的東西。

「你能牽馬到水邊，但不能強迫馬喝水。」麥可表示，「但馬要是渴了，自然會喝。崔普也一樣。」

崔普會改變，不是因為麥可要他改。崔普會改，原因是自己決定要改，不過麥可並未袖手旁觀，藉由減少抗拒，他引領崔普踏上自行探索的道路。

「就像那首沙灘腳印的寓言詩一樣，我們陪著他走一程。」麥可表示，「我們不逼他走這條路或那條路，只是朝某個方向走。起初他跟著一起走，但接著就能引領自己。如果我是其中的催化劑，我想我做了件好事。」

崔普本人也表示：「我是美國最頑固的白人激進主義者。如果我能回心轉意，任何人都能。」

麥可透過減少抗拒心理，讓崔普脫胎換骨。麥可沒告訴崔普該怎麼做，只不過是開啓一條通訊熱線，並鼓勵崔普說服自己。

不過，抗拒不是唯一會擋下改變的阻礙。即使人們的「反說服雷達」未亮起紅色警戒，人們也經常會故步自封。

如同本書第四章〈不確定性〉會再探討的，由於改變經常伴隨著不確定性，無從得知新事物是好是壞，人們通常患有低估或避開新事物的「恐新症」。

人們除了低估新事物，通常還會過分看重手上的東西，包括他們已經在使用的產品與服務，或是先入為主的看法與態度、正在參與的計畫或方案等等。若要了解背後的原因，先來看強大的敝帚自珍效應。

第二章

敝帚自珍效應

The Catalyst:
How to Change Anyone's Mind

幾年前，手機搞得我很煩。我很喜歡自己用了快六年的手機，功能齊全、大小剛好能放進口袋，整體而言是相當不錯的手機。

不過，機子的記憶體快用完了，一天天累積起來的照片和影片，再加上林林總總的 App，幾乎占去所有的儲存空間。

起初這也沒什麼，有些歌我從來沒在聽，有的 App 一直沒在用，刪一刪就是了。然而沒過多久，我愈來愈難找到不會用到的檔案。每次想拍新照片，還得先費神刪除舊照片，考慮到底要留下哪幾張。珍阿姨的生日？還是家中小狗第一次在雪地上玩？

朋友建議我買新手機。我查了一下，新型號的處理器速度快，多一個鏡頭，空間也大增。然而，新手機的長度和寬度比舊手機多幾乎兩成，很難單手拿著打字，更難塞進口袋。

尺寸是我最重視的點嗎？其實不是。要是你事先問我，我大概根本不會想到要考慮手機的大小。可是看到新機本尊後，我打了退堂鼓。

我不想換成**不一樣的**手機；我想要和原本一模一樣的手機，只需要稍微更新一點就好了。據說蘋果過陣子會出輕量的版本，為什麼不再多等幾個月？

但就在等待的期間，舊手機愈來愈不靈光。

一開始先是應用程式設定出現看起來不妙的紅點。蘋果釋出新的作業系統，但我沒空間裝。

接下來，航空公司的 App 叫我更新，但必須裝新的作業系統才能更新，也就是說我再也無法使用行動登機證。每星期出差時，又多了一件要煩惱的事。如同螺旋槳飛機的引擎逐一失靈，我手機上的各種功能漸漸消失。

儘管發生了這一切事情，我依舊按兵不動。不方便的事一件接著一件發生，但我死守舊手機。

最後，因為沒印出登機證而差點錯過航班時，我終於投降。我受不了了，打電話給電信公司訂購新手機。

你可能以為故事就在這裡結束了。新手機來了，我拆開包裝，開心使用。

然而，根本沒這回事。

我拿到新手機了，但依舊沒拿來用。我太依賴舊手機，三個多月後還是沒打開新手機。一週又一週過去了，我死守舊愛，但我的舊手機愈來愈過時。

各位可能覺得這個故事很可笑，甚至荒謬，但這種事出現的頻率比想像中頻繁。新東西通常更上一層樓。新手機速度變快，記憶體加大。新服務更全面，帶來更理想的結果。新的管理策略更跟得上時代，效率更高。大家都該換新的才對。人們卻沒這樣做。

即使從技術層面來講，新東西比較好，人們還是抓住舊的不放，遵守相同的程序，維持相同的行動方案。

當我們太輕易地歸因於懷舊時，背後有意想不到的因素正在起作用。

人與馬克杯

回想一下上次停電的情形。你用手機充當手電筒，但擔心手機會沒電。等電來了，得重設所有的時鐘。萬一停太久，還得處理掉冰箱裡壞掉的食物。總而言之，停電很麻煩。

沒人喜歡停電，但太平洋瓦斯電力公司（Pacific Gas and Electric Company，一般簡稱為PG&E）想確切知道民眾究竟不喜歡到什麼程度。這間公司努力平衡供電的穩定度與成本。雖然可以投資更多的防跳電措施，但服務費會變貴。另一種選項是降低費率，但供電的穩定度會下降。

所以消費者比較喜歡哪一個？更穩定的供電？還是更低的電費？

研究人員調查了一千三百多位消費者，詢問他們喜歡六種電力方案的哪一種。[1]有的方案比較貴，但承諾停電次數會減少，每次的停電時間也會縮短。其他方案比較便宜，但更常停電，一停就停比較久。

一如所料，消費者大多不會選擇經常停電的方案：每個月至少停電一次、一次四小時的話，伸手不見五指的時間會變長，也更常要擔心冰箱裡的食物餿掉。大部分的顧客目前大約一年會碰到三次停電，也因此他們回答需要每個月電費至少便宜二十美元，才願意選擇那麼糟糕的服務。

不過，有一群人非常喜歡更常停電的方案，即使那代表著糟糕的服務。

到底是誰會喜歡比較不可靠的服務？是不是年紀較長者，或是對價格比較敏感的人，偏好便宜的服務，即便較為靠不住？

不，唯一的差別在於現況，也就是民眾已經得到的服務。有一小群人原本就經常碰上停電——一年達十五次，每次四小時——也因此他們挑了類似於已知狀況的方案，縱使那個選項在多數人眼中很糟糕。[2]

「現況偏誤」（status quo bias）無處不在。人們通常吃平日在吃的食物，購買向來購買的品牌，捐款給他持續在支持的理念。

舉個例子來說，病患要是剛動完心臟繞道手術或擴張阻塞動脈的血管再成形術，醫生通常會在術後，多次勸他們改變飲食與生活方式，而且通常是好幾名醫生輪番上陣，但僅一〇%左右的病患真的會改。[3]

改變很難，因為人很容易過度重視屬於自己的事物，不光是所擁有的物品，已經在做的事也一樣。

想一想這只陶瓷咖啡馬克杯的例子：

這是一只灰白色的杯子，手柄牢靠，不論裝什麼熱飲都很合適。你願意替這樣的一只馬克杯出多少錢？你最高願意付多少價格買下？

受訪者被問到類似的問題時，平均願意花不到三美元。這是個好杯子，還不錯，但不是什麼貴重物品。

另一組人被問到稍微不一樣的問題。他們看到相同的馬克杯，但沒被問到願意花多少錢買，而是從**賣家**的角度出發。他們拿到同一只杯子，最少要出多少錢，他們才**願意賣**。

買價與賣價理應相同，畢竟這是同一只咖啡杯。不論是買是賣，估價應該是一樣的。

然而，最終得出的答案不同。賣家平均要兩倍價錢才肯割愛這只馬克杯，七塊多美元才肯賣。

為什麼？

原因不只是人們是資本主義者，買低賣高。事實上，我們一旦獲得一樣東西，擁有後就會產生依戀感，連帶把那樣東西看得更重。

這種所謂的敝帚自珍效應隨時都在發生。[4]杜克大學（Duke University）的學生大約願意掏兩百美元買四強賽門票，但手上已經有票的人，要超過兩千美元才肯賣。同樣的棒球卡，紀念品商人如果手中有貨，所估價格會比手中沒有貨時更高。此外，不論是時間、智慧財產權或各式各樣的東西，人們願意放棄的價碼一律高過取得時願出的價格。這種為已擁有的事物賦予更高價值的情形，甚至包括抽象的信念與點子。當某樣東西**屬於我們**時，我們會覺得更珍貴。

事實上，人們做某件事或持有某樣東西的時間愈長，那些事、那些東西在他們心中的價值就愈高。[5]舉例來說，屋主住在某間房子的時間愈長，他們眼中的房屋價值將高過市場價格愈多。人們對一樣東西愈有感情，就愈捨不得放手。[6]

損失規避（Loss Aversion）

改變自然有優缺點。新手機的電池比較耐久，但體積大。新的電力方案比較不會停電，但電費高。新軟體省錢，但必須整合進舊系統，還得花點時間學。

然而，每項優缺點在人們心中的比重不一樣。

假設我提供你拿到一百美元的機會，跟你賭擲硬幣。擲出正面是你贏，我給你一百塊；反面是你輸，你要給我一百元。你會跟我賭嗎？

你如果和多數人一樣，你大概不肯。的確是有機會贏得一百元，但輸掉一百元的機會一樣大，可能的獲利似乎沒多到值得冒險，還不如別出手，不賭比較好。

古典經濟學家大概會說確實如此。把所有可能的結果，乘上發生機率，加總起來將得出的期望值為零：拿到一百元的機率是五〇％，等於加五十元。輸掉一百元的機率也是五〇％，等於減五十元。兩者加總等於零，因此理論上賭不賭沒差。真要賭的話還得花力氣，甚至可以說期望值微微偏向負值，所以大部分的人不肯賭。

不過，要是稍微給點甜頭，這次擲出正面不是給一百元，而是一百零二元。萬一輸了，壞處一樣大，但潛在的好處變多。

標準經濟學會告訴你，你應該接受這場賭局，因為這次的期望值為（50%×$102）＋（50%×–$100）= $51 – $50 = $1。一塊錢不多，但賭上一百次，平均而言你能贏一百元，也因此就期望值來看，你該接受賭局。

然而，你會賭嗎？你是否願意為了贏一百零二元，冒損失一百元的風險？

大概不願意。事實上，我必須大幅提高獲勝的彩金，才能突破只有小貓兩三隻願意和我賭的僵局。

原因出在輸帶來的心理衝擊大過贏。我們在決定是否要打賭、買新手機，或是要不要做任何變動時，我們重視潛在損失的程度，勝過考量潛在的獲益。輸掉一百元，在感覺上比得到一百元更要緊。甚至於輸掉一百元的懊悔，比拿到一百一十元的開心更舉足輕重。

事實上，研究顯示做一件事的潛在獲益，得達到潛在損失的二．六倍，人們才願意採取行動。有可能損失一百元？那麼獎金必須至少要有二百六十元，人們才會願意下這個賭注。[7]

每當人們考慮是否要改變時，他們會拿現況去比較。如果潛在的獲益只是稍微超

過潛在的損失，他們不會願意變動。

要讓人改變的話，所獲得的好處至少得是壞處的兩倍。新軟體不能只是稍微好一點，要好**很多**才行；新方法不能只是微幅提升效能，必須**大增**才行；如果必須放棄喜歡的東西、失去看重的東西，獲利（例如：效能提升、成本下降等正向變化）至少要是兩倍才能彌補損失。*

此外，雖然新事物的優勢通常很明顯，推動改變的人常常會忽略壞處或成本。以購買新筆電為例，買東西顯然會有金錢成本，但還有其他較不明顯的成本。你將需要花時間做功課，閱讀評價，比較特色，找出候選名單中哪一台筆電最好。還得

*此處有兩個面向要特別提醒大家。第一、新東西的優秀程度不必是舊東西的兩倍；只需要好處（例如：利潤或獲利）是壞處（例如：成本或損失）的兩倍。舉例來說，新服務的速度不必是舊服務的兩倍，但加速或其他的好處，必須至少是取得服務的金錢成本、學習使用的時間成本等壞處的兩倍。第二、重點是人們**感受到**的獲益與損失。這次的服務或許是快了兩倍沒錯，但要是顧客不在乎速度，快也沒用。同理，有的消費者其實喜歡大一點的手機，那麼體積變大對他們來講不是損失，反而是獲益。人們在規避損失時看的是變化，而不是產品特點。如果人們認為新車擁有舊車的所有優點，那就沒損失，即便部分的特色並不相同。真正理解某個人的需求與價值觀，將有助於判斷改變會被**視為**獲益或損失。

下單買新電腦、搞定一切設定、學習新介面與新系統，全都要花力氣，更別提做了錯誤決定而懊悔的潛在成本。

這種種必須考慮的面向，統稱為「轉換成本」（switching cost）。財務成本、心理成本或流程成本（例如：耗時、費力），除了讓人不想換成新產品或新服務，基本上各種事情都會受影響，例如：懶得更換供應商、醫生、支付系統、上班路線等等。

任何事都有轉換成本：換一家店買菜會有轉換成本（找出每一樣商品擺在哪裡）；換網球搭擋有成本（找出誰負責哪件事）；換辦公室有成本（記住哪個人坐在哪個位置、東西擺在哪裡）；換策略同樣也有成本（改掉過去的習慣）。層出不窮的麻煩事讓人覺得，那就照過去的方法好了，即使不完美。

我和手機的糾葛就是那樣。當然，新型號的技術更上一層樓，更快、更炫，新技術一般具備的所有特質，新手機全都有。

然而，這些好處有轉換成本的兩倍嗎？沒有。

我如果換成新手機，必須拋掉已擁有的東西，放棄我熟悉與喜愛的小巧手機。此外，潛在的損失與種種缺點，全都讓我猶豫不決。

那麼要怎麼做，才能減輕敝帚自珍效應？

兩大關鍵包括：（一）、讓不採取行動的成本現形；（二）、破釜沉舟。

讓不採取行動的成本現形

華頓商學院的ＭＢＡ學生通常會在初階的行銷課程，讀到一個知名的案例研究，主角是間虛構的山民啤酒釀造廠（Mountain Man）。[8]這個家族事業自八十多年前起製造山民拉格啤酒至今，在美國中西部以高品質著稱。勞動階級男性是這種啤酒的超級忠實顧客——男人們辛苦工作一整天後，在回家的路上到酒吧喝上一杯。

然而，到了二〇〇〇年代初期，山民公司的領導階層煩惱著該如何因應消費者的偏好變化。淡啤酒的銷售正在成長，喝拉格的人變少，也因此史上第一次，山民公司的銷售開始下滑，幅度雖然不大，一年大約也會減少二％。

山民的管理階層考慮推出淡啤酒，但又擔心會趕跑目前的消費者。如果喜歡淡啤酒的雅痞也開始喝山民這個品牌，山民的核心顧客（煤礦工人與愛穿迷彩服的硬漢）

有可能會改喝他牌的酒。

討論的焦點停留在推出淡啤酒會不會傷害到核心品牌。ＭＢＡ學生評估潛在的淡啤酒銷售，計算那將如何傷害到原本的拉格銷售，所做出的決策都圍繞在推出淡啤酒的殺傷力有多大。

每個人都在擔心嘗試新事物的風險。推出淡啤酒將導致拉格的銷售下降五％，或者是二〇％？新產品將侵蝕掉多少品牌資產？又會不會造成核心消費者不再購買這個牌子？

但是當ＭＢＡ學生花很多的時間，思考改變將帶來的潛在危險，他們通常比較少去思考同樣重要的一件事：不行動的風險。

做公司過去八十年來一直在做的事，感覺比嘗試新事物安全，但事實不一定如此。銷售正在下滑，什麼都不做，不代表就不會出現壞消息；只代表公司將慢慢消失在歷史裡。即使不至於今天就關門大吉，也是遲早的事。

你認為哪一種比較痛？手指斷掉或膝蓋粉碎等重傷，還是扭傷手指或膝蓋無力等輕傷？

人逐漸老化時，通常一個不小心就會受點小傷。打籃球或美式足球時，扭傷手指，無法正常屈伸。打網球或日常活動時，動到膝蓋，腳不時軟一下。再不然就是肩膀或背部痠痛，似乎永遠沒有身心舒暢的一天。

那些傷不是那麼嚴重。當然，偶爾會發作，而且發作時有點痛，但通常就是一個惱人的小毛病，沒什麼大礙。

而且，雖然這些小毛病不是好事，似乎還是比出大問題好太多，像是摔斷腿、心臟病發作、膝蓋粉碎性骨折這一類。

要人們在「小毛病」和「大問題」間選一個，答案連想都不用想。膝蓋無力很煩，但粉碎性骨折也太嚇人，需要動侵入性手術，還得辛辛苦苦復健好幾個月；膝蓋復原之前還得打石膏，活動範圍受限。如果說膝蓋無力是家中有兩隻蒼蠅到處嗡嗡叫，膝蓋粉碎性骨折就像是你家被蟑螂大舉入侵。

然而，仔細觀察後會出現值得留意的事：重傷的復原速度反而快過輕傷，原因出在受這兩種傷的時候，人們的反應不同。

人們受重傷會積極尋求治療，加快復原的速度。他們會看醫生、動手術、吃藥，還會向物理治療師求助，設定治療方案，擬定復健計畫，努力快點好起來。

反之，輕傷通常不會獲得相同的資源。當然，人們會吞個兩顆止痛藥，或是回家冰敷扭傷的手指，但不太可能制定治療方案。

縱使真有治療方案，加以遵守的可能性也較低。理論上，**應該要**每天早上都吞兩顆止痛藥，外加十分鐘的物理治療，以緩解症狀，但誰有那個閒工夫，每天上班前都做那些事？沒多久，記錄治療情形的那張表格，就被壓在一堆紙的下面，止痛藥的瓶子回到藥櫃。

從許多角度來看，有不同的反應是很自然的。看醫生、找專科醫師、取得治療方案都要花錢花時間。每天早上都做物理治療、記得吃藥也得耗費精神。由於相關的治療有成本——有時還是重大成本——相較於頭痛，人們心臟病發作時更可能去做以上這些事。

但就因為小毛病沒重要到讓人嚴陣以待，小毛病永遠不會好。

膝蓋無力讓人不舒服的時間，長過膝蓋粉碎性骨折，因為重傷超過我們的疼痛容忍範圍，小毛病則沒有。重傷超出臨界值，促使人們採取重大的解決步驟；不夠痛的傷則不會得到相同的認真看待，也就是說永遠不會有解決的一天。[9][10]

產品或服務完全無法使用的時候，人們會想辦法換新的。假若只是一直有點不靈光，改變的動力就沒那麼大。

現況很糟時，很容易讓人願意改變。人們願意改，原因是不可能繼續維持慣性。萬一你家有蟑螂大軍出沒，你必定得打電話請除蟲公司過來，唯一要考量的只有要叫哪一家。

然而，事情要是沒那麼糟，不是很好、但也還過得去，人們就沒那麼容易改。原本的東西如果也不是太離譜，為什麼要那麼麻煩，給自己帶來新事物將產生的成本？如果只是家中有兩隻蒼蠅，真的值得打電話給除蟲公司嗎？搞不好蒼蠅會自己飛走。

離譜的東西會被換掉，但馬馬虎虎的東西會留在原地。糟糕的表現會引發行動，普通的表現則帶來得過且過。

克服敝帚自珍效應的方法，就是協助人們了解不採取行動的成本——維持現況其實並不安全，也並非毫無成本，依舊要付出代價。

我表弟以前每次寫電子郵件，都以手動方式附上結尾問候語。不論是工作信函或私人信件，他都會在最後一行手動打上「祝好，查爾斯敬上」。

我第一次聽到這件事的時候很訝異。為什麼不設好簽名檔「祝好，查爾斯敬上」，每次寄信都自動插入？

「打『祝好，查爾斯敬上』幾個字只需要兩秒鐘。」我表弟回答，「再說了，我不知道怎麼設定電子郵件的自動簽名，還要花時間去學。」

換句話說，查爾斯認為現況已經夠好。他知道目前的做法不是最理想的，但也沒糟到有動力去改變。這裡多花個幾秒鐘，那裡多花個幾秒鐘，有什麼大不了的？這只是頭痛，不是心臟病。

此外，改變的成本似乎大過好處。設定自動簽名要花幾分鐘，也才幫他省下幾秒鐘，幹嘛改？

我一次又一次試圖說服表弟使用電子郵件簽名，全都失敗收場，後來改採另一種方式。

「你一星期要寫多少封電子郵件？」我問。

「不知道。」他回答，「可能四百封吧。」

「好，那手動打一次信件結尾要多少時間？」我問。

「頂多兩秒。」他回答。

「所以說，你一星期要花多少時間打電子郵件的簽名？」

他頓了一下。

接著就打開搜尋引擎，輸入「如何加上電子郵件簽名」。

每當現況還過得去，不是什麼大事、雖然普普通通但也沒怎樣，感覺上將不值得花力氣去改。目前的狀況似乎沒嚴重到需要改。

但只要指出不行動的成本就可以讓人了解，維持現況不像表面上那樣毫無成本。

手動打出電子郵件的結尾問候語，花的時間的確不是很多，兩三秒就夠了，也因此似乎不值得花時間改掉這種做法。

然而，一星期寫四百封信，四百次的幾秒鐘加起來，大約要花十到二十分鐘。一年要花超過十小時。突然間，電子郵件最後的問候語和署名，比較不像頭痛，更像是嚴重一點的問題。想辦法做點什麼，似乎是比較好的行動方針。

葛蘿莉亞．巴瑞特（Gloria Barrett）是南加州的理財專員，平日協助客戶處理財富管理、人壽保險與退休規劃事宜。有的年輕客戶採取較為積極的投資方式，投資組合中的股票占較高的比例。年長客戶則因為未來的投資歲月較短，採取謹慎的投資方式，偏好債券等投資標的。

然而，有一位叫凱斯的客戶沒有遵循這個模式。凱斯僅四十五歲上下，打算再過二十年才退休，但他的做法過於保守，超過一半的錢都存放儲蓄，不打算投資。

葛蘿莉亞試過給凱斯看數據，解釋股市的報酬率比較高。她整理了一份又一份的報告，證明即使是最謹慎的投資，也更能錢滾錢，但凱斯不為所動。

買股票感覺有風險，也因此凱斯雖然投了一點錢進去，卻擔心會失去其餘的資產。再說儲蓄帳戶有利息，雖然報酬率不高，每年的結餘依舊會增加。雖然沒高多少，把錢存著似乎就夠好了。

又一次疲憊的白費唇舌之後，葛蘿莉亞決定不再強調增加投資的好處，換個角度著手，具體說明凱斯把那麼多錢放在儲蓄，等於是在害自己**損失**多少錢。

葛蘿莉亞在一月一日那天，啟動一個假想的時鐘。接下來幾個月，她每次打電話給凱斯或見面時，都會提到凱斯今年因維持現況已經損失多少錢。一開始只是兩塊錢，再來是兩百塊，接著是兩千。

「我怎麼可能在虧錢？」凱斯問，「我每次看我的儲蓄帳戶，餘額都有增加。」

「的確是那樣沒錯，」葛蘿莉亞回答，「但你沒算進通膨。相較於你原本可以擁有的績效，即使只和保守型投資相比，你都少賺很多錢。」

起初，凱斯沒有立刻做出改變，依舊猶豫不決、暗自嘀咕，但少賺的數字超過兩千時，他投降了，挪出一大筆儲蓄。下次兩人見面時，凱斯把剩下的錢，幾乎全數投入投資。他仍然把一些錢擺在儲蓄，但占比已經比較符合他的投資長度，報酬也大幅成長。

改變的成本很高。取得新產品要花錢；新服務的使用方法需要花時間才能學會；新提案需要花力氣開發；新點子需要時間適應。

而且相關成本大都得提前付出。你得花錢買新書後，才能開始讀。要先花時間學習新程式或新平台，接著才能使用。

然而，改變的好處一般要過了更長的時間才會顯現。要等到書來了、開始讀了之後，才會享受到閱讀的樂趣。新程式終於開始運轉後，要幾星期、幾個月才看得出成效。

也難怪**成本與效益的時間差**會導致遲遲不肯行動。人們缺乏耐性，想早點嚐到甜頭、討厭的事則晚點再說，因此如果改變代表著現在就要付出成本，好處以後才會顯現，人們就會什麼都不做。

這就像戒甜點一樣。減重與活得更健康當然有長期的好處，但短期成本是放棄眼前那塊美味的巧克力蛋糕，而我們全都知道結局是什麼。

人們因此只想維持現況。如果可以不必改變，為什麼要給自己招來成本？尤其在現況似乎也不是太糟的時刻。

商業作家吉姆・柯林斯（Jim Collins）說過一句話：「A是A+的敵人……我們

缺乏優秀學校的主因，在於我們有好學校。我們沒有優秀政府，主要是因為有好政府。很少人擁有卓越的人生，是因為太容易滿足於不錯的人生。」[11]

改變也是一樣。事情還算妥當的時候，很容易固守現狀。改變有成本，還得花力氣，所以只要還過得去，改變的動力不是太大。

但是，雖然按兵不動常常看似沒有成本，實情卻不是如此。現況或許還可以——甚至相當不錯，但相較於更好的東西，現況就顯得比較糟。此外，雖然變與不變的差異看似不大，甚至微不足道，但聚沙成塔，一段時間後就會拉開差距。

為了改變想法、減輕敝帚自珍效應，催化劑會讓不採取行動的成本現形，方便人們看出「目前在做的事」與「可以做到的事」之間的差異。

另外，比起強調「新」比「舊」優秀多少，或是採取行動可以帶來哪些益處，催化劑選擇反其道而行，改強調不採取行動將使人們**損失**多少東西。

由於損失規避現象，失去帶來的陰影，大過獲得帶來的快樂。損失十元帶來的感受，比得到十元強烈；效率降低帶來的衝擊，強過效率增加。看見損失多少時間或金錢所帶來的動力，大過知道可以獲得多少利益。當人們明白會失去什麼，就比較不可能堅守現況。

以正確方式呈現時，就連頭痛也值得治療。

破釜沉舟

讓不採取行動的成本現形，可以讓人知道，什麼都不做並非毫無代價。不過，敝帚自珍效應過強時，有時需要更進一步才能促成改變，此時可能就必須採取破釜沉舟戰術。

生於西班牙麥德林的埃爾南・科爾特斯（Hernán Cortés），孩提時代沒人想得到他有一天會成為著名探險家。科爾特斯家境不是太富裕，出生時身形瘦小，日夜啼哭，整天生病。十四歲時父母鼓勵他研讀法律，但哥倫布發現新大陸的消息陸續傳回西班牙，科爾特斯再也受不了窩在鄉下小鎮，立志航行到美洲。

科爾特斯日後也確實在一五〇四年抵達美洲的西班牙島（Hispaniola，今日的海地與多明尼加共和國），花了幾年時間在當地立足。他登記成為市民、當上公證人，還參與了以鄰近古巴為目標的遠征隊。科爾特斯的種種努力獲得西班牙島總督賞識，在殖民地政府擔任要職。

之後，總督派科爾特斯入侵墨西哥。據說美洲大陸藏著滿坑滿谷的金銀礦，科爾特斯接下指揮遠征的任務，負責探索與看守墨西哥內陸，替殖民做好準備。

科爾特斯帶領著大約六百人，外加十三匹馬、幾尊大砲，一共十一艘船在猶加敦半島（Yucatán Peninsula）上岸，宣布那是西班牙國王的領土。科爾特斯打贏幾場土著戰役，占領今日的維拉克斯（Veracruz），一片隔著墨西哥灣與古巴相望的沿海地帶。

在當地建立城鎮後，科爾特斯打算進一步探索。傳說中內陸兩百英里處的特諾奇提特蘭（Tenochtitlán）是一座神奇城市，藏著無窮無盡的財富。

而就在此時，科爾特斯與總督起了矛盾。總督擔心失去遠征的控制權，下令收回科爾特斯的兵權，但科爾特斯置之不理。這下子他如果回古巴，將面臨監禁或死刑，只剩下繼續征服土地一條路。

科爾特斯的部下並非全員贊同繼續朝內陸推進。有些人依舊效忠總督，他們得知指揮官的計畫後，密謀奪下船隻，返回古巴。

科爾特斯火速鎮壓叛亂，但面臨兩難。如果要成功征服特諾奇提特蘭，他必須獲得手下的忠誠。然而，船一開就走，很難防堵部下再度叛變。只要有夠多人偷偷溜上船，就能揚長而去，引發總督進一步行動。

內外交迫下，科爾特斯做出不尋常的決定：乾脆把船燒掉。科爾特斯搬走船上的糧食和大砲，下令焚船，十一艘全毀。[12]

為了防堵再次叛變的可能性，他捨棄了自己的船。回頭已是不可能的選項，現在每個人都只能勇往直前。

科爾特斯的做法似乎很瘋狂。他不是說說而已，而是直接毀掉唯一能回家的選項，但他不是史上唯一採取這種策略的人。

穆斯林將軍塔里克．伊本．齊亞德（Tariq ibn Ziyad）在西元七一一年率軍攻打伊比利半島時，下令燒毀大軍抵達時乘坐的船隻，不讓士兵有臨陣脫逃的機會。中國古老成語「破釜沉舟」的典故，出自一位中國將領也在戰役中做過類似的事，激勵士兵不能退縮。還有英文諺語「燒掉某個人的橋」（burning one's bridges）也出自相同的概念，指的是打仗時渡河後毀掉橋，使部隊別無選擇，只能繼續前進。

對多數人日常面臨的狀況來說，破釜沉舟型的戰術相當極端，也很自私。

不過異曲同工，當事情卡在現狀時，較不極端的版本可以適用於各種情境。此時不必讓選項完全消失，只需要讓人們了解真實的成本，由他們自行承擔。

山姆・邁克斯（Sam Michaels）是中型娛樂公司的ＩＴ人員，除了支援公司網頁等數位財產，也負責讓公司的軟硬體順暢運轉、持續更新。

更新電腦聽起來沒什麼，每個人都安裝新版的Windows，或是等桌電太過時就換成新款。新軟體功能更多，新桌電跑得更快、安全性提高，員工理應很樂意更新才對。

然而不論更新有多少好處，山姆發現永遠有同仁不想換新版本，拖著不肯領新電腦或新軟體，寧願用舊的。既然手上的電腦還能用，他們不想花時間學習新的作業系統，也不想冒檔案不見的風險，多一事不如少一事。

轉換成本占上風。

這些固執的同仁怎麼勸也勸不聽。山姆寄送提醒給大家、分享連結，介紹新版如何比舊版優秀許多，甚至造訪他們的辦公室，親自拜託，但沒興趣就是沒興趣。

山姆最後講到口水都乾了，決定換一種方法。這次他拿掉舊選項。星期一早上，山姆寄發電子郵件給所有尚未升級的同仁。除了建議他們換成新電腦，解釋他可以如何協助更新，還提到接下來的IT支援變動。

為了保障資安，所有還在跑Windows 7的電腦都將在兩個月內斷網。此外由於大部分的員工已經換成新電腦，IT很難幫舊機處理最新問題，屆時IT也將不再支援特定年分之前的電腦。萬一故障或出問題，公司同仁將必須自行處理。IT不希望發生最壞的結果，很樂意協助同仁取得新機，但如果有人不想跟上大家，那就自己看著辦。

山姆寄出電子郵件後，出門去吃午餐。

一小時後，山姆回到辦公室。方才收到信的同仁之中，整整有一半已回應要跟他約時間，請IT幫他們升級。到了當週的尾聲，剩下的人也全數回覆了類似的話。

山姆寄出的信有效，是因為他「把船燒了」。他不像殖民者科爾特斯那麼極端，直接刪掉同仁的舊版Windows，也沒把他們的電腦扔到窗外。

但是山姆運用了相同的原則，讓不採取行動的成本浮出水面，而且明確指出相關成本很快就會增加。同仁可以繼續搭乘舊船，但如果他們想那麼做，將得自己想辦法搞定。

同樣的概念也可以應用到各個領域。

汽車製造商並不拒絕替舊型車款生產替代零件，但過了一段合理時間後，就會減少產量，當價格升高，消費者就有動力換新車。

製造商並未強迫消費者改變，但不再資助舊零件、以人為方式抬高價格。他們把成本轉嫁到消費者身上，減少消費者堅持待在現況的可能性。

不行動很簡單。不費吹灰之力，就能維持原本的想法。花不了多少時間，就能遵守相同的政策與做法。不需要耗費什麼金錢，就能維持原本的產品與服務。

也難怪當眼前的選項是「行動」或「不行動」，通常是不行動獲勝，慣性占上風。跟物理學一樣，靜者恆靜。

這也是為什麼偶爾需要將「不行動」的選項從檯面上移除，或至少不再給予資助。「不行動」這個老鳥，或許能在皇家大戰的擂台上擊敗「行動」這位新人，一旦不行動的成本上升，就會突然勢均力敵，立足點相同。

與其思考**是否**舊不如新，不如拿掉「不行動」這個選項，破釜沉舟能促使人們放下過往，開始思考**哪一個**新事物值得追求。

減輕敝帚自珍效應

回到先前的馬克杯研究：不論是人們手中的產品、腦中原先就有的看法、正在合作的供應商，或是目前支持的計畫，人們總會捨不得已經在做的事。

催化改變時，除了要讓人們對**新**事物感到放心，還要協助他們放掉**舊**東西，減輕敝帚自珍效應。如同理專葛蘿莉亞的例子，我們需要讓人們看見不行動的成本，協助他們了解不採取行動與維持現況，不像表面上那樣毫無成本。如同IT人員山姆的例子，我們需要破釜沉舟，抽走維持現況的選項，或至少不再幫忙負擔維持現狀的成本。

此外，要知道減輕敝帚自珍效應能帶來多大的威力，只須看看近期發生的，史上最令人跌破眼鏡的投票結果之一：英國的脫歐公投。

範例時間

如何改變全國民意

二〇一五年五月二十一日，英國政治顧問多米尼克·康明斯（Dominic Cummings）同意接下任務，成立日後稱為「投票脫歐」（Vote Leave）的組織。隔天他展開了這項重大挑戰，目標是讓英國人放棄近五十年的歐盟會籍。

公投不同於傳統的政策制定。將英國是否該續留歐盟、是否該調高最低薪資等各種大大小小的問題，交由民意而不是一小群政治人物來決定。公投議案邀請全民一起投下神聖的一票。

大部分的公投皆闖關失敗。以美國的奧勒岡州和加州為例，這兩州的全州性提案數量最多，僅三分之一左右順利通過。全球各地的通過率也只略高一些。

不論是調高最低薪資，或是放棄四十六年的經濟整合、農業補助、自由貿易，凡是想放棄原有的做事方法，加以革新，這樣的公投要成功的話，將得說服成千上萬的民眾改變。

英國脫離歐盟的風險尤其大。英國大部分的食物、燃料與藥品都倚賴進口，也因此任何的貿易衰退都可能導致短缺。經濟學家擔憂脫歐將對出口造成影響，也關切英鎊可能貶值。

也難怪極少有人看好脫歐公投會過關。大部分的民調都顯示英國將續留歐盟。下注站也持同樣觀點，賠率顯示支持續留歐盟的陣營，勝選機率達八成。

康明斯明白公投面臨的是訊息傳遞挑戰賽。現況基本上比較好解釋，不需要解說為什麼歐盟不利於英國人，也不必講解複雜的補助與津貼流向，說明種種的援助能否抵銷英國注入歐盟的錢。「留下」陣營只需要叫人民堅守原狀，繼續做向來在做的事，不自亂陣腳就能得勝。

「離開」一派要能奇襲的話，就不能陷在難以解釋清楚的細節。他們需要一個簡單到人人都能懂的訊息。

康明斯於是替「投票脫歐」買了一台紅色大巴士，政治人物搭乘那輛車巡迴全國各地，向選民喊話。車身漆著斗大的白字：「我們一週給歐盟三．五億英鎊，這筆錢還不如給健保局（National Health Service, NHS）。」13

那輛「脫歐巴士」（Brexit bus）除了吸引目光，還讓不採取行動的成本現形。英國人或許認為留在歐盟比較安全，沒有成本，但這台巴士告訴民眾實情並非如此。英國每星期為了繳交會費，給歐盟數億英鎊，那筆錢明明可以拿來補助英國健保。

不過，這台巴士還有別的用途，因為在那行白色訊息底下，康明斯還用較小的字體，放上脫歐運動的行動口號。

那句口號起初只有兩個字：「掌控」（Take control）。康明斯認為這樣簡潔有力，但又似乎還少了點什麼，繼續推敲各種版本。

康明斯深諳損失規避與現況偏誤原理。他知道人們有守舊的心理，不願意嘗試新事物。「掌控」這個口號還過得去，但等於是在附和「脫歐是行動、不脫歐是不行動」的前提，這樣一來對他的對手有利。

如果能倒過來……讓脫歐像是現況……

康明斯靈機一動，更改口號。變動的幅度不大，只不過是在「掌控」二字前面多加一個詞彙，參照點就完全翻轉。

他加上「奪回」一詞，變成「奪回掌控權」（Take back control）。

康明斯在自己的部落格寫道：「『奪回』一詞能激起強大的演化直覺——我們厭惡失去，尤其討厭失去掌控權。」「奪回」二字能促發損失規避的心理，感覺好像失去了什麼，而脫歐能拿回這樣的損失。

英國選舉研究（British Election Study）舉辦民調，更喜歡「讓我們奪回掌控權」（Let's take back control）口號的選民是四倍。六月二十三號開票時，公投結果令人跌破眼鏡。英國人用選票選擇離開歐盟。

康明斯利用「讓我們奪回掌控權」幾個字，巧妙地替整個辯論重新定調。他利用人們的敝帚自珍效應心理，提醒民眾英國以前不是歐盟的一部分。離開並不危險，只不過是導正航線，*重返正軌。

這個策略有時不好應用，比方說如何能把新藥或新製程包裝成奪回失去的事物，乍看之下不是十分明顯。

然而，這個方法在許多時候能巧妙扭轉局勢、打破慣性，例如川普二〇一六年競選美國總統就是有名的例子。當時他雖然不是現任總統，仍然應用了這個概念。川普沒說自己會「讓美國偉大」，而是「讓美國**再次**偉大」，讓事情回歸原本的面貌。雷根在一九八〇年參選總統時，也傳遞過類似的訊息。

此外，不只是政治能應用這個概念。美國的學區也在談他們如何讓課程「回歸基本能力」（back to basics）。眾家組織都在談新方法或新方向如何能協助回到

---

*脫歐宣傳也和奪回制度的控制權有關，在民眾心中置入如下的想法，「沒錯，就是這幫人把經濟搞得那麼差，引發二〇〇八年的金融海嘯。他們和高盛銀行（Goldman Sachs）那些傢伙是一夥的，靠對沖基金拿到大量分紅。」康明斯解釋，「我們要從你們這幫倫敦佬手上奪回掌控權。」

源頭，不強調點子、政策或提案具備新意，反而強打有多接近從前。

就連新產品與新服務也能以這樣的方式來談：這是你原本就熟悉與喜愛的東西，現在只不過是跟上了數位年代的腳步。

這不是改變，而是重生。

抗拒心理與敝帚自珍效應是改變的兩大障礙，但通常無法光是靠提供資訊，就改變人們的立場。要了解原因，我們首先得意識到「距離」的重要性。

第三章 距離

The Catalyst:
How to Change Anyone's Mind

維吉妮亞[1]敲門的當下，永遠很難預知屋主的反應。維吉妮亞穿著白色T恤，戴眼鏡，看上去夠和善。大部分的民眾至少會開門，詢問來意。

維吉妮亞是名助選員，今天的任務是詢問邁阿密選民對於跨性別權益的看法。邁阿密—戴德郡政府委員會（Miami–Dade County Commission）近日通過讓跨性別者免於歧視的法令，對於這個具爭議性的主題，正反兩方都有很強烈的看法。

維吉妮亞詢問屋主古斯塔夫：「你覺得哪個數字符合你的情形？」古斯塔夫指著紙上的量表，上面用不同數字代表從「強烈反對」到「強力支持」跨性別權益。

古斯塔夫站在門口，上半身套著無袖汗衫，下擺塞進卡其褲，看上去是最傳統的拉丁美洲裔老年人。再套上一件古巴襯衫的話，就像是古巴樂團好景俱樂部（Buena Vista Social Club）的成員。維吉妮亞則是非常規性別者（gender-nonconforming person），自認不是男性，也不是女性。

古斯塔夫指著量表後半部的數字，表明自己反對跨性別權益的法規。「您會這樣認為，原因是廁所議題嗎？」維吉妮亞進一步詢問。古斯塔夫回答，他不支持相關法規的原因是擔心有人濫用，色狼有可能趁機進入女廁。

「您是從何處得到那樣的感受？」維吉妮亞追問。

「我來自南美。」古斯塔夫回答，「我們南美人不喜歡死娘炮。」

那句話像是一記耳光打在臉上。大部分的助選員會禮貌感謝選民挪出時間回答問題，然後離開。大部分的人會認為，不值得花心力去試圖改變些什麼——像古斯塔夫那樣的人，**不可能**改變他們。那是他們的肺腑之言、發自內心的看法。

然而，有沒有可能那樣的直覺是錯的？或許有辦法讓古斯塔夫那樣的人改變看法？會不會即使是強硬的保守派，也能說服他們支持所謂的「自由派」政策，例如跨性別權益？

跨越鴻溝

若說美國今日有著分裂的政治形勢，實在是過於輕描淡寫。超過一半的民主黨與共和黨支持者，對另一黨有著「非常敵對的」感受，數字是一九九〇年代中期的三倍以上。鄰居拿下庭院掛著的標語，眾人避談對立的觀點。許多感恩節大餐邊吃邊提醒在場的親友不要提到政治。

今日通常會用所謂的「同溫層」現象，解釋這種涇渭分明的情形。物以類聚，人們向來偏好支持自身觀點的媒體，只不過科技讓這樣的趨勢雪上加霜。

人們不和鄰居交流，也不翻閱地方報，都在網路上收看新聞與資訊，而線上的生態系統，又愈來愈替個人既有的觀點量身打造。與你互動最密切的聯絡人，臉書會把他們的資訊預設為優先，而你們通常看法雷同。推特只給你看你追蹤的人貼的資訊，而那些人通常和你氣味相投。

網路與社群媒體共同帶來智識上的隔離狀態，人們很少接觸到不同觀點，再加上大家偏好點選支持自身觀點的資訊，演算法導致人們在同溫層裡取暖的現象益發嚴重。

專家學者為了解決這項問題，建議民眾多接觸不同觀點，不要活在自己的線上同溫層裡。大家要和觀點不同的人對話，搭起消除鴻溝的橋梁。

這種類型的建議聽上去有道理。我們不該老是當酸民、用成見看人，與看法不同的人互動，雙方都能獲益。不再把另一方視為就是玻璃心、無藥可救，而開始當成有血有肉的人來看待。了解反對的意見從何而來，就能獲得更為深入的觀點。

然而，這麼做真的行得通嗎？

社會學家克里斯．貝爾（Chris Bail）心懷希望，[2]如果能讓人們考慮對立方的觀點，想法就會出現轉變。人們接觸到對方的觀點後，將朝中庸之道邁進。雖然不會突然轉換陣營，但會出現一些改變。自由派與保守派不會就此高唱「我們都是一家人」，但至少會稍微朝另一方靠近。

貝爾為了測試這樣的可能性，設計出巧妙的實驗，招募一千五百多名推特用戶，請他們追蹤能接觸到對立觀點的帳號。受試者將在一個月期間，看到各種民選官員、組織與意見領袖的訊息與資訊。自由派會看到福斯新聞或川普的推特文。保守派會看見希拉蕊或美國計畫生育聯盟（Planned Parenthood，支持避孕與墮胎的團體）的文章。

這項實驗是數位版的「跨越鴻溝」，用一種簡單的介入手段，試圖對社會政策產生重大影響。

在一個月的尾聲，貝爾團隊評估推特用戶的態度，找出他們對於各種政治與社會議題的看法，例如：政府管制是否是好事、社會是否該接受同性戀、軍事力量是否為確保和平的最佳手段。

這項研究耗費很大的心血，歷經多年的準備與數千小時的研究。如同成千上萬的專家學者、專欄作家與在媒體上發言的人士主張的那樣，期盼透過與立場不同的他者連結，使民眾的心更近。

然而，實驗結果出爐，接觸對立方並未讓人們更中立。

事實上，結果正好相反。接觸到對立的觀點，**的確**讓人們改變想法，卻是朝反方向走。共和黨支持者接觸到自由派資訊後，沒變得更自由派，反而更保守，對社會政策抱持更為極端的態度。自由派也出現類似的效應。追蹤保守派帳號的民主黨支持者，傾向於自由派的程度**更加強烈**，而不是變中立。

如果受試者看到的推特文章用意是說服，實驗結果就說得通。我們在本書的第一章談過，勸說通常會引發反抗的心理。

但以這項實驗來看，大部分的文章並未呼籲大眾做某件事，純粹只是提供資訊。

那麼為什麼提供資訊無效？

導正錯誤信念

試圖改變他人的看法時，我們總期望拿出證據後，一切便不必多說。認為給人們看事實、數據與其他種種資訊，就能讓對方改站在我們這一方。

這種直覺式的推導直接了當：數據理應能讓大眾跟上最新思維，好好思考擺在眼前的鐵證，根據其改變看法。

只可惜這世界不是你想的那樣。

以假消息為例，疫苗能預防麻疹、腮腺炎與德國麻疹等疾病（MMR 疫苗），但儘管多數民眾都接種疫苗，還是有父母不肯讓孩子獲得抗體，只因缺乏證據的說法聲稱打疫苗與自閉症有關。

《小兒科》（*Pediatrics*）期刊二〇一四年刊出的一篇論文，探討讓民眾接觸真相能否改變錯誤的看法。[3]研究人員讓民眾閱讀美國疾病控制中心（Centers for Disease Control, CDC）提供的科學證據，指出疫苗與自閉症之間並無關聯：「多項嚴謹的科學研究未發現 MMR 疫苗與自閉症有關。」文章還摘要了多項研究的幾種不同發現。

實驗人員請受訪者讀完文章後發表意見，問他們在未來有多可能讓孩子注射MMR疫苗。

接觸事實是否有幫助？某種程度上有。

如果是原本就有意接種疫苗的民眾，額外的資訊幫上了忙，減少誤解，願意讓孩子打疫苗的程度增加。

不過，對原本就不太接受疫苗的人，接觸事實反而招來反效果。提供疾病控制中心的科學證據非但沒導正錯誤資訊，反而讓受訪者**更**不想讓孩子接種疫苗。

無數研究都發現類似的效應。[4]不論檢視醫學、政治或其他領域，理論上可以改變想法的證據，都不一定會起作用。有時能讓人們更可能相信事實，但有時只讓他們更堅信謊言。即使事實很少帶有說服的意圖（也就是理論上不太會引發抗拒心理），人們依舊以懷疑的眼光看待資訊。

接觸到事實非但不會改變錯誤看法，通常還會**增強**誤解。你給予人們正確資訊，使他們更可能相信相反的事。

資訊究竟何時會有用？何時又會出現反效果？

人們的看法與美式足球場的分區

超過半世紀以前，耶魯大學、范德比大學（Vanderbilt）、奧克拉荷馬大學（University of Oklahoma）的行為科學家，試圖解答我們剛才提到的問題。[5]當時是一九五〇年代晚期，科學家想挑一個具爭議的議題來研究：人人意見不同，還要能方便比較不同立場的說詞。

最後「酒」雀屏中選。

當時美國大多數的地區，早在數十年前就已經撤銷禁酒令，但奧克拉荷馬州依舊禁止販售酒類。此次的實驗地點便是選在奧克拉荷馬州。該州近日將舉辦公投決定現行法令的去留，目前支持禁酒的一方微幅領先。雖然也有奧克拉荷馬州民認為不該禁酒，但認為應該繼續限制的人數略為勝出。挑選這個議題來研究，再適合不過。

實驗人員寫下兩種書面訴求。第一種極度反對禁酒，指出愛喝的人很多，不該限制酒精的銷售與飲用。

第二種訴求以較為溫和的語氣反對禁酒，建議「酒精銷售應當接受管制，在特別的慶祝場合允許節制的飲酒量」。

接下來，實驗人員找來支持禁酒的人士〔例如：基督教婦女禁酒聯合會（Women's Christian Temperance Union）的成員、日後打算擔任神職人員的學生〕，給他們看其中一種反對禁酒的訊息，評估他們改變態度的程度：接觸到訊息後，受試者對於酒的看法改變多少？

有的人會以為，採取較極端的立場將能激發更多改變，畢竟從談薪水到買賣房子，不論什麼事，人們通常從大數字喊起。

想買房子的人，起先的出價會是屋主開出的八五％到九〇％，希望多少砍一點價，也因此賣家開出的數字會先灌水。先開高一點，就算被討價還價，最後也能拿到想要的價格。

把這種心態應用在改變觀點，一開始先站在極端一點的立場，就能利用人們傾向折中的心理。即使人們的看法沒徹底改變，各退一步最終會更靠近理想的終點。稍微接受措辭強烈的反禁酒訴求，效果會超過稍微接受措辭溫和的反對訴求。

然而禁酒實驗出乎意料。研究人員分析結果後發現，如果要改變看法，提出強烈訴求的效果較差。

為什麼會這樣？答案與「拒絕區」有關。

研究人員給受訪者看其中一種反對禁酒的訴求前，先請他們表明目前是如何看待酒精禁令。一共有八個敘述句，讓受訪者圈選最接近自身觀點的句子。有的句子強烈支持禁酒，有的強烈反對禁酒，其他則落在中間。

在腦中想像一下，由虛線（碼標）分區的美式足球場，每條虛線代表著不同的禁酒觀點。一頭支持禁酒，另一頭反對禁酒，站在最邊緣的兩個得分區的人，觀點最為強烈。

支持禁酒的得分區，站滿強烈支持禁酒的人士。他們最認同的句子是「由於酒精是人類的詛咒，理應完全禁止銷售與飲用酒精，淡啤酒也包括在內。」

站在反對禁酒的得分區人士則希望完全取消禁酒令。他們最認同的句子是「事情很明顯，人不能沒有酒；也因此酒類的銷售與飲用，完全不該有任何限制。」

然而，朝球場的中場區靠近時，看法從極端變為和緩。在二十五碼線附近，人們溫和支持或反對禁酒，接受保留部分的禁酒令，但應該允許在合理的場合喝少量的酒。站在五十碼線的人則抱持中立態度，贊成與反對的主張在他們心中幾乎持平。

實驗受訪者除了選擇最能代表自己的描述，還指出哪些觀點並不反對，哪幾項則不同意或無法支持。

他們的選項構成了兩種區域，一種是「**接受區**」，也就是人們最認同的觀點，再加上他們有可能支持的看法。

這個安全區以外的地方則是「**拒絕區**」。人們強烈反對此區的觀點，或是激烈指出那些看法有誤。

以觀點落在中場區的人為例，他們目前人在中間，但接受區是兩側之一的任何一處他們可能支持的位置。超出那些地方則是拒絕區，也就是他們不會納入考量的所有觀點。

不同人不只在場上處於不同位置，還各有各的「接受區」與「拒絕區」。可能有個位於一側得分區的人，接受區一路推進至二十碼那條線，除此之外則是拒絕區。

有的人則位於二十五碼線，願意接受任何落在相同半場的觀點，另一頭的觀點則

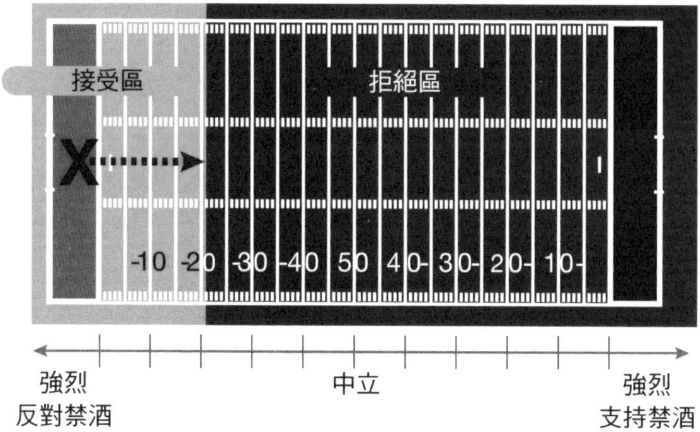

全數不接受。

區域範圍不同，連帶影響反禁酒訊息的成敗。人們會拿「原有的觀點」比較「接收到的資訊」。如果內容相近（也就是落在他們的接受區），資訊將帶來預期中的效果，人們朝理想方向改變看法。

另一方面，落在拒絕區的訊息將失敗，不但缺乏說服的功能，通常還引發反效果，人們朝**反方向**前進，更加堅信原先的看法確實沒錯。*

整體而言，不同訴求讓禁酒支持者願意朝支持「酒精合法化」前進的程度，溫和版訴求的效果幾乎是三倍。[6]

有時循序漸進比較快。

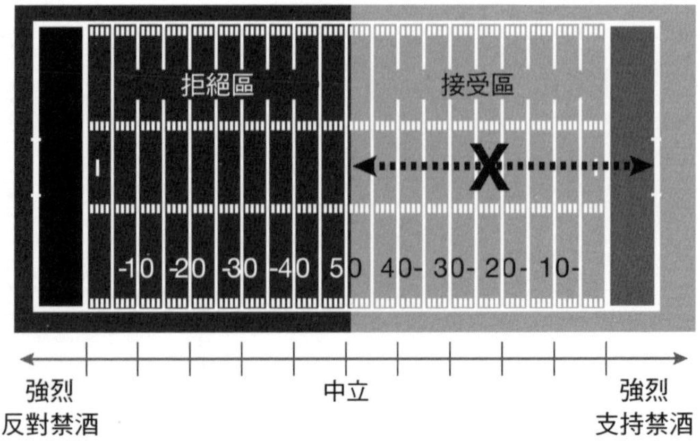

確認偏誤

我們試圖改變他人的想法時，通常會直接瞄準重大改變：我們想要這一刻就加薪很多錢；謾罵者瞬間變身為支持者。

我們以為只要提供充分資訊，人們就會想通。只要分享更多證據，列出更多原因，簡報做對了，人們的態度就會轉變。

然而，這往往只會把事情搞砸。對方不但沒轉換觀點，還更堅持己見。不要說改變了，甚至更加深信自己沒錯。

前文提過，反抗心理是造成這種現象的原因之一。人們感到有人試圖說服時，心中會警鈴大作，唱起反調。

但即使無意說服，有時光是提供資訊也會引發反效果。

拒絕區可以解釋為什麼會發生這種事。人們的看法有一個範圍，他們願意考慮落在同一區的說法，例如死忠的保守派反對政府支出與政府管制。要是告訴他們有一個法案要減少赤字開支或保護自由市場，他們八成會支持。

反之，超出接受區的政策則會引發反彈，例如：提高債務上限、提供全民健保等等。訊息離接受區愈遠，被聽進去的可能性就愈低，民眾抗拒的可能性變大。

原因出在拒絕區不只左右著人們改變的意願，還影響著他們如何接收與回應訊息。人類會尋找、解釋與偏愛符合固有看法的資訊。

舉個例子，學生看完某場普林斯頓大學與達特茅斯大學（Dartmouth）的美式足球

---

*政治也一樣。共和黨人不只收聽保守派的新聞，民主黨也不會只追蹤自由派媒體，但人們究竟會願意考慮或聆聽哪些觀點（剩下的則排斥），要看他們落在光譜的哪一區。高度傾向於自由派的民主黨支持者，有可能認為《石板》（*Slate*）雜誌內容公正，但完全不考慮《華爾街日報》（*Wall Street Journal*）的報導。較為中間派的民主黨人則可能視《石板》為極端派，更願意考量保守派觀點，甚至不排斥偏右派的福斯新聞。

對抗賽後，被問到幾個後續的問題。[7]那場比賽的戰況特別激烈，雙方多次罰球。達特茅斯的四分衛因為在後場被攔阻而弄斷腿。普林斯頓的明星跑衛則是鼻梁骨折，外加輕微腦震盪。比賽最後由普林斯頓勝出，但雙方陣營的情緒激動不已，不斷爭論究竟是哪一方的錯。

不過，球迷如何看待這場球賽，完全看他們支持哪一方。普林斯頓的學生認為是達特茅斯先挑釁，犯規次數是他們的兩倍。達特茅斯的學生則認為雙方都動了手，而且普林斯頓造成的罰球比較多。同一場比賽，卻有兩種完全不同的觀點。[8]

就連科學研究這種看似客觀的事，人們相信與否也會受到偏見影響。史丹佛大學的教授給受試者看兩份死刑效用的研究資訊。[9]研究A比較十四州通過死刑前後的凶殺率，研究顯示死刑具備嚇阻效用。十四州中有十一州的凶殺率在通過死刑後下降。

研究B則比較死刑規定不同、地理位置相鄰的十組美國州的凶殺率。研究結果顯示，死刑不具備嚇阻作用。十組中有八組，反而是有死刑的州凶殺率**比較高**。

受測者除了閱讀到研究結果，也得知研究是如何進行，包括研究方法的流程細節等等。

接下來，受測者發表心得，評論這兩項研究的可信度與研究品質，判斷研究是否被妥善執行。

你支持哪支球隊將影響你如何看待一場比賽，這聽起來無可厚非，但人們回應科學研究的方式，理應比較客觀，尤其是像攸關人命的死刑這麼重要的事。

然而，人們如何解讀看似客觀的科學結果，依舊完全看他們對那個領域抱持什麼樣的立場。支持死刑的受測者認為，指出死刑能有效嚇阻犯罪的研究較為可信。反對死刑者的看法則相反。

受測者眼中兩項研究的嚴謹程度，也出現同樣的結果。支持死刑的人認為，指出死刑能有效嚇阻犯罪的研究「考慮周延」，「看來以恰當的方式蒐集了數據」。反對死刑的人則主張：「要是少了近年來整體犯罪率上升的數據，這裡提出的證據根本沒意義。」指出死刑無效的那份研究，受測者的觀點則反過來。反對死刑的人指出：「利用相鄰的州做研究，讓實驗更加精確，（因為這些州）位於差不多的地點。」死刑支持者則說：「實驗選擇的組別，即使兩個州之間有相鄰的邊界，各地的情形還是可能相當不同。」

就連看上去客觀的「事實」，人們會如何解釋也受成見影響。人們是決定接受研究發現、或是開始挑毛病，比較不是看實際上用了哪種特定的研究流程，而是要看研究結果是否符合人們固有的看法。

也難怪我的事實是你的「假新聞」。資訊看起來是真是假，要看你處於場上的哪個位置。看到證據不會促使正反兩方團結，有時只會加深鴻溝。

人會傾向於尋找與吸收符合原有觀點的資訊，這種現象叫「確認偏誤」（confirmation bias），[10]沒人逃得過這種現象。確認偏誤影響著醫生選擇的治療方式、陪審團做出的決定、投資人採用的策略、領袖採取的行動、科學家做的研究，以及員工內化的意見回饋。

誠如心理學家湯瑪斯．吉洛維奇（Thomas Gilovich）所言：「檢視和特定信念相關的證據時，人們傾向於看見預期會看到的東西，做出他們預期會做出的結論……如果是我們想要的結論……我們會問自己『我**可以**相信這件事嗎？』然而，如果是我們

不樂見的結論，我們會問『我**一定**得信這個嗎？』」＊

此類偏誤會讓改弦易轍更加困難。要改變的話，不但得願意改變，還得願意聆聽有可能帶來改變的資訊。

人們接收到觀點或資訊時，他們會拿自己目前的看法來比較。他們評估與權衡新說法，以確認新說法有多符合他們既有的信念。

落在接受區的說法，被蓋上值得信任、安全可靠的許可章。人們會朝向那種說法靠攏。

＊就連極端人士也逃不過此一偏誤。以 Stormfront.org 的成員為例，Stormfront.org 是最大型的白人驕傲線上論壇，把白人定義成「非猶太人的純種歐洲後裔，絕無例外」。此一網站的成員通常會接受基因檢測，證明自己是白人。然而，萬一檢測結果不符合他們信奉的標準？研究人員發現，檢測結果如果顯示他們其實並非純種的歐洲後裔，許多成員會替自己找理由：一定是基因檢測出了問題，或是這種檢測根本就不適合拿來測試「白人的程度」。就連白人民族主義者也會在發現那些標準不符合自己心中預期時，更改自己的標準。

反之，落在拒絕區的觀點或資訊，將受到深入檢視，被視為不可靠、道聽塗說、漏洞百出。更糟的情形是被完全無視。[11]人們的態度往反方向而去。*

那麼要怎麼做才能對抗偏見？催化劑如何避開拒絕區，鼓勵人們思考自己真正的意見？

減少距離的方法有三種：（一）、找出有爭取空間的中間派；（二）、從「小忙」問起；（三）、改變場上位置，找出共通點。

找出有爭取空間的中間派

每次到了選舉季，各陣營就會灑大錢造勢。以二〇一六年為例，總統大選與國會選舉花了六十五億美元。

雖然選舉的錢部分花在工作人員的薪水、餐點與交通費，但大部分都用於勸說民眾。不論是DM廣告、電話催票、上門拉票，或者刊登電視、電台與數位廣告，全都是在試圖拉攏選民。

有的證據顯示這些錢花得值得。政治科學家檢視數十份美國初選與公投提案的研究，歸納出明顯的模式。[12]廣告與拉票確實有用，發DM與登門拜訪影響著選民如何評估候選人，左右著他們投票給誰的決定。

但是當政治科學家分析普選時，有不一樣的發現。我們會以為結果是相同的，畢竟決定誰是總統、由誰取得參議員席次的選戰，還是和初選一樣，同樣會和選民聯絡感情，刊登廣告，說服民眾該這樣那樣做。

然而，政治科學家進行數十項研究，發現普選時發送DM與拉票的平均成效是……零。雖然數位與電視廣告的有效程度較難評估，他們找到的證據都顯示這類方法同樣灰頭土臉，一點效果也沒有。

政治科學家為了確認，又多進行了幾次測試，執行新實驗，研究數千名受訪者。雖然這種研究法讓統計上的精確度增為十倍，依舊得出相同的結論：沒用。

＊顛倒過來也一樣。人們認為某個資訊是真是假，將影響他們認為那個資訊來自何方。如果他們認為資訊屬實，那個資訊一定出自同一陣營的人。如果認定為假，一定是對方的陣營流出來的。

怎麼會這樣？

答案與初選和普選的差異有關。兩種選舉都是多名候選人彼此競爭，就各種議題提出立場，試著贏得選民的心。

但是，兩者有一點不同：初選的競爭者是同黨人士，普選的對手則通常是敵對的政黨。初選是在兩名候選人之間做決定，兩個人的立場位於美式足球場上的同一側。普選的候選人則位於完全不同的半場。兩個投票選項不但有可能離得很遠，大概還一個落在接受區，另一個落在拒絕區。

因此普選時想改變民眾的心意，難度大增。若要遊說民主黨的支持者，支持比他們稍微自由派一點的另一名民主黨候選人，不是難事，但如果要他們支持共和黨的候選人，挑戰性高出許多。

政黨的凝聚力讓換邊站尤其困難。人們要是對某個議題或領域有強烈的感受，他們願意考量的資訊範圍將改變。如果是不在意的人，他們的接受區很廣，拒絕區很小，各式各樣的立場都有可能接受，很少會斷然拒絕。

高度關切某個議題或領域的人則相反。在他們眼中，事情非黑即白。換句話說，他們願意考量的觀點範圍很窄，接受區很小，拒絕區很大。[13]

改變民眾的政治觀點之所以困難，部分的原因出在這兒。此時不是稍微改變人們的立場就夠了，還得讓他們換邊站，況且政治不是普通的議題，而是使他們情緒高漲、容不下異議的事。這就像是叫紅襪隊的球迷開始支持洋基隊，或是要求喝可口可樂的民眾，投入百事可樂的懷抱，事情沒那麼容易。

那麼碰上這類情形該怎麼辦？直接放棄？

倒也不必。選舉研究發現一線生機，候選人還是有可能在普選中改變民眾的想法，即使看上去困難重重。

方法是找出有爭取空間的中間派。

在政治的世界，聰明的選戰不會試圖改變**每一個人**的看法，而會鎖定對事實與辯論抱持開放態度的中間選民。尚未做出決定的這群選民，對候選人、事件或議題搖擺不定，接受區較大，或是與候選人的立場有較多的重疊之處。

此外，催化劑採取精準的做法，不對每一個人都提出相同的主張。催化劑在瞄準人們時，用的是與目標最切身相關的訊息。

以二〇〇八年的俄勒岡選舉為例，當時民主黨的候選人傑夫．默克利（Jeff Merkley）挑戰現任的共和黨參議員戈登．史密斯（Gordon Smith）。史密斯廣受歡迎，一般被視為溫和派，那次的選戰因此不好打。

研究人員想知道可否改變選民的看法，[14]讓先前投票給現任共和黨參議員的民眾，改成投給這次的民主黨挑戰者。

不過，研究人員沒以相同的訴求，地毯式攻擊每一位民眾，而是想辦法找出原本就容易搖擺的民眾，那群選民有可能為了各種原因改變心意。

第一步是找出切入點：一個讓現任參議員沒抓住、但至少是部分選區民眾關心的議題。

研究人員篩選各種可能性後，決定從「墮胎」這個主題切入。俄勒岡人傾向於支持墮胎權，但現任的共和黨參議員不支持。更巧的是，此次的挑戰者是「美國撤銷墮胎法協會（美國支持墮胎權聯盟）」（National Association for the Repeal of Abortion Laws, NARAL Pro-Choice America）該年少數支持的參議員候選人。

接下來，研究人員找出支持墮胎權的選民，試著就這個特定議題說服他們。在選戰初期，倡議團體曾經舉辦大規模的調查，找出哪些選民支持女性有權做選擇。研究人員同時透過電訪與郵件瞄準此一族群，強調默克利擁有「美國計畫生育聯盟」與「美國支持墮胎權聯盟」的背書，他的對手則在參議院屢屢投票反對墮胎權。

強打墮胎這個主題適用於所有選民嗎？絕對不適合。選戰的主導議題是經濟，墮胎權不是每個人心中最重要的議題。

再說了，發送相同訊息給所有人，非常容易產生反效果。不在乎墮胎議題的民眾會充耳不聞。萬一碰上反對墮胎的選民，大概更是會「損己利人」，反而替現任議員增加支持度。

相較之下，這波瞄準有爭取空間的中間選民宣傳，讓幾乎達一〇%的投票者改變心意，挑戰者默克利最後贏得選戰。

處理人們有強烈感受的議題時，先從找到中間派著手。從這些人所處的位置來看，他們一開始就沒離得太遠，轉換陣營的可能性更大。

一種方法是尋找行為痕跡（behavioral residue），找出那些顯示為意見矛盾或有意改變的線索。以政治界的例子來講，這類人包括支持擁槍的藍狗民主黨人（Blue Dog Democrats，民主黨偏中間派的人士），或是在環境改造請願書上簽名的共和黨支持者。商業界的例子則包括在社群媒體抱怨商業競爭對手的消費者。

高科技的做法也很有用，例如瞄準相近的受眾。借助手上現成的消費者或支持者數據，找出其他特質與偏好相似的民眾。這樣的人更可能感興趣。

而萬一沒有現成數據，那就「從測試中學習」（test and learn）。取一群人當樣本，測試特定做法，記錄各種面向的關鍵特質，找出那種做法在哪些子群組或小圈圈特別有效。最後得出的結論，將能協助判斷當範圍擴大到更多民眾時，最適合瞄準哪些類型的人。

你正在努力讓新產品起飛？與其試著讓所有人都相信那有多棒，不如找出原本就需要那項產品的子群組。創投人士通常會稱產品與服務為「維他命」或「止痛藥」。「有的話很好」的產品與服務（維他命），可以再看看、晚點再說。「沒有不行」的東西（止痛藥）則讓人們離不開。

催化劑不會不管三七二十一，一律推銷。起先要找出哪些人會把這次的產品或服務當成止痛藥，鎖定會需要這樣東西、迫不及待要用的潛在消費者。

你試著在會議上改變眾人的看法？那就從立場最相近的人著手。他們不但轉向的可能性較高，甚至還可能變成支持者，拉著其他人一起行動。

從「小忙」問起

有爭取空間的中間派是不錯的起點，但有時我們希望改變看法的對象，立場離得很遠。此時該怎麼辦？

想像一下你在工作，手機響了，對方自稱是消費者團體的代表，問你願不願意參加一項調查。他們將跑到你家，一一清點你家中所有的居家產品。此外，為了取得所有的必要資訊，你將必須敞開每一扇門。有必要的時候，他們將翻箱倒櫃，清查你的儲物空間。到時會有五、六名工作人員在場，應該不會花超過兩小時。這甚至是義務幫忙，你完全不會拿到任何報酬。

你會參加嗎？

如果這種厚臉皮的要求令你哭笑不得，很多人的反應和你一樣。五六個人到我家翻櫃子？想得美！是誰腦袋壞掉想出這種要求？而且是免費幫忙？不可能。

這樣的請求顯然落在拒絕區，太超過了。

兩名史丹佛心理學家進行研究，在電訪時提出類似的要求，答應的民眾果然屈指可數。[15]我們不確定是誰心地那麼善良，居然還是有人答應，也不曉得他們是否知道自己到底答應了什麼，不過大多數的人不出所料拒絕了。

兩位心理學家想研究每個人天天都會碰到的問題：如何讓人們做不願意做的事。

科學家觀察到最常見的解決方法就是逼迫。「盡可能對不情願的人施加壓力……迫使對方屈從。」人們的方法就是號稱你應該做那件事，軟的不行就來硬的，威脅不行就利誘，直到你讓步為止。

科學家心想，應該還有更好的辦法。

的確有。這次研究人員改問另一組不同的人，答應的人數是兩倍多。

相同的請求，同樣得自願讓六個人在你家翻箱倒櫃兩小時，但這一次超過一半的人同意。

差別在哪？

科學家從「幫小忙」問起。

科學家提前三天打電話給第二組人，先請他們答應較為無關緊要的要求。科學家告訴受訪者相同的說法（他們代表消費者團體打電話），但沒一開始就獅子大開口（要求翻找受訪者的櫥櫃），改從請人幫小忙開始：受訪者是否願意在電話上回答幾個問題，說出家中有哪些產品。研究人員問的問題很簡單，例如：受訪者使用哪一種洗碗精。

接到電話的人大多願意幫忙。回答幾個問題的確不是他們特別想做的事，但沒落入拒絕區。

幾天後，科學家再度打電話過去，這次請受訪者幫比較大的忙。結果如何？受訪者答應的機率大幅提高。

研究人員發現，先幫完小忙後會改變人們如何看自己。起初，在電話上回答幾個問題，已經是受訪者願意幫的最大的忙；這個請求落在他們的接受區邊緣。但在同意回答問題後，他們的立場就變了，在場上的位置不一樣了。如同科學家所言：「一旦同意一個請求……在他們心中，他們已經變成會做這類事情的人。」

答應幫相關的小忙會讓人朝正確方向移動。換句話說，最終的請求原本落在太遠的地方，如今則位於接受區內。

因為當人們的立場變動時，他們的各種區域會跟著變，最終的請求原先直直落入拒絕區，這下子掉到更多民眾的接受區，願意幫忙的可能性上升。

你說破了嘴，還是改變不了某個人的心意？先試著請對方幫點小忙，不要硬逼。把最初的請求降為羽量級的版本，讓你請求的事落在接受區。如此一來，對方不但更可能答應你最初的請求，整體而言還更可能大轉向。

醫生協助肥胖人士減重時，通常也是從小型的要求起步。如果有人需要瘦五十磅或一百磅（一磅約〇．四五公斤），常見的建議往往不切實際，例如天天運動、戒掉垃圾食物、完全不吃甜點等等。

這類方法注定失敗。這種建議理論上很正確，但人們不太可能聽進去，也很難執行。體重過重當然**應該**天天運動，但對於已經幾個月或幾年沒健身的人來講，實在是強人所難。

黛安娜．普利斯特醫生（Diane Priest）曾經協助一名體重超標的卡車司機減重。這名司機喜歡喝激浪汽水（Mountain Dew），以公升計的大瓶汽水帶在路上喝很方便，因此他一天會喝下三大瓶。

一天喝三公升的激浪汽水？裡面含的糖分超過六十公克，而且天天喝？那等於一個月吃下超過一百條士力架巧克力（Snickers）。

最理想的結果是這位卡車司機完全不再喝汽水，但普利斯特醫生知道那太難做到，也因此，她從小一點的要求起步。

醫生告訴這位司機，試著一天喝兩公升汽水就好。不要和以前一樣喝三大瓶，只喝兩瓶。每次上廁所，裝飲用水到喝完的汽水瓶，喝水就好。

那位卡車司機起初很難做到，但最後從一天喝三公升激浪汽水，變成喝兩公升。

接下來，普利斯特醫生請他再減量一公升。等到只喝一公升也成功了，才開始建議完全不喝汽水。

那位卡車司機仍會偶爾來一罐激浪，但瘦了超過二十五磅。16

我們試著改變他人時，經常野心太大，希望立刻扭轉人們的觀點。最好能有神奇的仙丹妙藥，讓人們瞬間戒掉汽水，或是一覺醒來就改支持其他政黨。

然而，仔細研究一下重大改變，你就會發現改變很少發生在一夜之間，通常比較接近一個過程，途經多個階段，緩慢且穩定地變動。

從小事開始要求，即是投入這個循序漸進的過程。普利斯特醫生一開始先請卡車司機少喝一瓶激浪汽水，不過她沒就此停下。起先提出小一點的要求，接著再多要求一點。

也就是說，提出小小的要求只是第一步，重點是**循序漸進**。把大要求拆分成更可能做到的小要求。先完成一個小要求，再進行下一步，打美式足球時，每次推進十碼到十五碼就好，不要求神明保佑，閉著眼睛用力把球一扔，就希望能進球。

產品設計師稱前述做法為「鋪踏腳石」。優步（Uber）要是一開始就要求用戶上陌生人的車，這間公司大概不會有今天的榮景。讓陌生人載我一程？媽媽叮囑過千萬別那麼做。

優步從小很多的服務做起，起初是方便人們叫車能叫到尊榮的主管級房車。公司喊出口號「您的專屬司機」（Everyone's private driver），用戶可以請豪華黑頭車專門載自己一程。優步在最初的高階定位成功後，才向下推出較為平價的 UberX（菁英優步），提供非豪華車的選擇（依舊需要通過背景審查），公司希望最終能完全過渡到自動駕駛車。

如果優步一開始就要求民眾大幅改變，大概會失敗，因為離人們的習慣太遠，太不像是多數消費者會安心的事。優步把大改變拆分成小改變，把請求的規模縮小。每次推出新產品都像是鋪踏腳石，慢慢引導消費者從習慣的事做起，漸漸走向不一樣的新事物。

如果叫人橫渡湍急的河水，他們八成會拒絕。好可怕，水太深，還有可能被河水沖走。

然而，鋪上一個又一個踏腳石後，人們願意渡河的意願將大增，這下子他們可以一路跳過去，抵達另一頭，不必擔心渾身濕透。*

改變場上位置，找出共通點

從小事做起可以縮短距離，提供踏腳石，離最終的大目標愈來愈近，愈來愈可能達成。

不過，萬一碰上死硬派，另一種通常有效的技巧是轉移陣地。找出已經有共識的面向，把那個面向當成轉向的支點。

要怎麼做，才能讓人們少點偏見？

戴夫·費萊雪（Dave Fleischer）從六歲起，就一直在心中問這個問題。他在俄亥俄州奇利科西市（Chillicothe）唯一的猶太人家庭長大。雪上加霜的是，他還是名同性戀者。「如果我只和認同我的人講話，我就只能和父母說話了。」費萊雪表示。

費萊雪現今已經六十多歲，一生致力於減少偏見。身為邊緣人的第一手經驗，讓他朝建立社區組織努力，也替各種政治理念拉票。

然而就在二〇〇八年十一月，費萊雪被現實打醒。加州居民即將投票表決是否通過「八號提案」（Proposition 8），禁止州內的同性婚姻。由於加州偏自由派，民調顯示這項提案絕對不會通過，支持LGBT（女同性戀、男同性戀、雙性戀與跨性別）的陣營會獲勝。

並非如此。結果出爐，八號提案通過了。相關社群大受打擊，群情激憤。他們不曉得該如何解讀這件事，也不知道接下來該怎麼辦。

費萊雪試著弄明白怎麼會輸，心想與其假設投票反對LGBT的選民一定都如何如何，為什麼不直接問他們？他要前往LGBT陣營重挫的選區，找出哪些人投下對LGBT不友善的選票，問他們為什麼那樣做。

---

*起步的方法是強調對方已經同意的事，或是他們已經如何朝理想方向前進，例如有的節食運動書便聰明運用這點。作者沒有一開始就試圖說服讀者過更健康的生活，而是指出他們原本就想要的東西：「恭喜！不論你有沒有發現，光是拿起這本書，你就已經踏出成功的第一步，希望大家繼續加油，完成大大小小、難度不一的步驟，朝最有益的旅途前進——最後重獲健康，身心舒暢，幸福快樂。」作者指出拿起那本書的讀者已經踏上正軌，鼓勵讀者把自己在場上的位置，看成離最終的球門又更近一些，讀者因此更容易堅持下去，持續進入旅程的下一個階段（Greene, 2002, 頁9）。[17]

費萊雪的團隊與洛杉磯LGBT中心（Los Angeles LGBT Center）合作，深入他們挫敗的郡縣。那些地方的居民強烈反對同性婚姻，厭惡同性戀。助選員敲門和八號提案的支持者聊聊，以了解他們的觀點。

助選員通常會按照精心設計好的腳本唸。政治顧問寫好宣傳內容，助選員的工作是到他們要拉票的民眾面前，逐字說出事實與數據，試圖說服民眾認同他們。那樣的「對話」（如果真能叫對話的話）一般是單方的，令人感到帶有強迫性質，像在聽課一樣，也難怪許多選民會立即中斷這種互動。

但是在八號提案通過後，費萊雪的團隊試著不當開口說話的那一方，開始聆聽。沒有腳本，單純詢問民眾為什麼他們有那樣的感受。

經過一萬五千場的一對一訪談後，費萊雪團隊得知的事遠遠超出預期。他們不僅知道民眾對於同性婚姻議題的偏好，也知道該怎麼做才能改變選民的想法與感受。他們在終於找到滿意的對話腳本前，歷經七十四次改版，把新方法命名為「深度遊說」（deep canvassing）。

偏見的頑強度數一數二。美國的民權法案（Civil Rights Act）早在五十多年前，就已經判定種族、性別與原籍國的歧視屬於違法行為，但不寬容的情形依舊長期存在。超過半數的美國人表達對黑人的歧視，三分之一的人反對同性婚姻。在相當近期的一兩年前，一名耶魯大學的學生叫了警察，原因是她看見非裔美國人學生，在宿舍的公共休息室午睡。美國海關暨邊境保護局（U.S. Customs and Border Protection）的人員扣留兩名女性，只因她們在蒙大拿州的加油站說西班牙語。

改變偏見要面對的挑戰，部分出在偏見通常根深蒂固。孩子接收父母、宗教或其他社會連結帶來的看法，那些觀點構成他們的世界觀，幾乎成為第二天性。

也難怪費萊雪給某知名政治科學家看他的深度遊說影片時，教授懷疑這是否能改變任何人的想法。「我看不出你會成功的理由，」教授表示，「從來沒人成功過。」

為了提供更嚴謹的測試，費萊雪在二〇一五年六月協助進行一項實驗，地點是佛羅里達州。[18]幾個月前，邁阿密—戴德郡政府剛通過讓跨性別人士免於歧視的法令。洛杉磯LGBT中心的義工與員工擔心引發反彈，和地方組織組隊，一起挨家挨戶敲門，出動五十多名助選員，和五百多位選民談話。

那次的對話很不容易，氣氛劍拔弩張。反對立法的民眾，不是隨隨便便反對。他們對於宗教、文化與成長背景教他們的事，抱持相當強烈的看法，並不是容易遊說的受眾。

然而，研究人員把對話結果製表後，有驚人的發現：光是一場十分鐘的「深度遊說」對話，投票者的接受度就大增，對跨性別者抱持更多好感，更願意支持反跨性別歧視的法律。

而且深度遊說的效果並非曇花一現，在助選員造訪幾個月後依舊存在，甚至頂得住對手陣營的攻擊廣告。

一場對話就能以持久的方式，改變對於爭議議題的心態，這樣的可能性振奮人心——甚至可說是神奇，但這也帶出值得探討的重要問題：為什麼此類對話會如此有效？

傳統的遊說方式和郵差很像：丟下資訊，接著就到下一家。助選員希望以最快的速度掃完街。

助選員練習的時候也一樣。受訓人員站成兩排，兩人一組。一個人扮演助選員，另一個人扮演選民。誰是贏家？講話最簡潔的助選員。

深度遊說花的時間較長，首要目標是讓投票者誠實以對，對於通常會針鋒相對的複雜議題，來一場開誠布公的互動，無法兩分鐘就收工。

不論要花多少時間，只要能交心，費萊雪的團隊願意奉陪到底。他們讓投票者安心說出真實感受，即使是民眾認為助選員不會愛聽的話，也能說出口。

當維吉妮亞和古斯塔夫進行一場刺耳的對話，而古斯塔夫毫不掩飾地說出污辱性字眼時，這也是為什麼維吉妮亞沒義憤填膺，掉頭就走，也沒厲聲批評。[19]

古斯塔夫說：「我們南美人不喜歡死娘炮。」

維吉妮亞回應時，並沒有提高她的聲調。

維吉妮亞客氣詢問：「你都那樣叫跨性別的人，或是所有的同性戀嗎？」

古斯塔夫解釋：「不男不女的像什麼樣，上帝讓你生下來是什麼，就是什麼……不要試著當別的。」

維吉妮亞用正面向上的語氣回答：「我的話，我生下來就是個同性戀。」

「你是同性戀？」古斯塔夫回應。「我的天喔。」

維吉妮亞沒給古斯塔夫來一場性別教育，只是說起自己的故事。古斯塔夫感到好奇，問維吉妮亞為什麼會做出那種「決定」。維吉妮亞解釋，當同性戀不是一種選擇或決定，她天生就是。兩人接著開啟一場真正的對話。

維吉妮亞談到自己有多愛另一半，這讓古斯塔夫也談起他的伴侶。古斯塔夫平日幫失能的太太洗澡、餵食、替她做一切的事，碰上種種難題。「上帝讓我有能力愛著一個失能的人。」他解釋，「到了最後，愛才是真正重要的事。」

「我深有同感。」維吉妮亞回應。「在我心中，法律其實也一樣，包括與跨性別人士相關的法律。重點在於我們如何對待彼此。」

對話進行到這裡，維吉妮亞與古斯塔夫建立起更深層的連結。維吉妮亞回頭談關於廁所的討論。維吉妮亞問古斯塔夫，如果他和跨性別的人同時上公廁，最糟會發生什麼事。古斯塔夫聳聳肩，坦承其實也不會怎麼樣。

維吉妮亞問：「你會怕嗎？」

古斯塔夫回答：「不會。」他立刻指出自己不擔心。

維吉妮亞讓廁所的討論，從較為抽象的假設性恐懼，進入現實中的實務討論。

「聽著，或許先前我誤會了。」古斯塔夫指的是他原本的跨性別權益立場。

維吉妮亞問：「你會投票贊同禁止跨性別歧視嗎？」

古斯塔夫回答：「會。」

維吉妮亞轉換了古斯塔夫的立場，她成功找出有志一同的地方。

傳統上，我們想到所謂的「從他人的觀點出發」，意思通常是「將心比心」，用別人的眼睛看事情。[20]

當人們能輕鬆想像某個觀點時，一切都沒問題。假設你是高中生，要求你從對方的觀點，協助成績不好的同學。如果你也曾經課業跟不上，情況就比較有利。你回想先前弄不懂微積分的時刻，回憶當時的感受。你用當時的經驗來了解同儕碰上的狀況。

可是，萬一你永遠是班上的第一名呢？此時要從同學的觀點出發就難了。你向來成績好，很難想像功課差是怎麼一回事。要你從別人的觀點出發，大概無法讓你真正明白同學心底的感受。[21]

深度遊說為了避免這種情形，不要求將心比心，改成鼓勵投票者從**自身**經驗找出類似的情境。不要求想像**當別人**是什麼感覺，而是回想**有類似感受**的時刻。

每一科都拿 A 的學生，大概很難理解功課差是怎麼一回事，但他們在人生中八成有其他笨拙的時刻。不管是體育不行、約會失敗，或是在其他領域鎩羽而歸，回想此類感受可以讓好學生體會成績差的心路歷程。

深度遊說正是藉由這種方式減少偏見。要想像他人的生活其實很難，尤其如果種族、性別或性向不一樣的話。

你可以請四十五歲的白人男性想像自己被歧視，但他們大都不會真的懂。即使他們試著從被歧視者的觀點出發，他們大概也不曾暗自想過，服務生對自己沒禮貌，該不會是種族的緣故。也不曾猜想自己不在升遷名單，會不會是性別的緣故。

所以說，與其請投票者想像自己是跨性別者，不如請他們找出人生中可以類比的經歷。維吉妮亞透過古斯塔夫對失能妻子的愛，協助古斯塔夫理解她對伴侶的感受。其他的助選員則請投票人回想曾經因為與眾不同，得到負面評價的時刻。選民分享完故事後，助選員接著鼓勵他們做對比，選民可以透過親身的經歷，一窺跨性別者碰上的事。

一名退伍軍人談到自己患有創傷後壓力症候群（post-traumatic stress disorder, PTSD），求職屢屢碰壁。PTSD只是他這整個人的一個面向，但潛在的雇主就因此斷然拒絕他。這雖然不是身為跨性別者的故事，但能讓這位退伍軍人產生共鳴，理解跨性別者因為身分認同的單一面向就遭受歧視，究竟是什麼感覺。

深度遊說能發揮效用，原因是改變在場上的位置。不從引發爭議的議題談起，也不從人們離很遠的位置著手，而是找出彼此之間距離較近的面向：雙方都同意、沒二話、一個**沒有分歧的點**。

人們被問及跨性別權益、墮胎或任何其他複雜的政治主題時，一般不會接受距離太遠的事物。頑強的保守派待在自己的十碼線上，跨性別權益顯然落在他們的拒絕區，遠在天邊，位於自由派所在的那個半場。

然而，深度遊說改變了對話，不再是抽象辯論，不講我認為你該如何看事情。對話內容甚至與跨性別權益無關，至少不是直接相關。

深度遊說實際上是在談愛，談逆境，談關懷，或是被排斥的感受。深度遊說談的是因為和別人不同而被貶低、遭受歧視。談的是任何人都能心有所感的事，無論對這次的議題有什麼看法。

深度遊說不從可能會帶來分裂的棘手議題談起（分歧點），改從所有人都能支持的共通點起步。

唯有建立那樣的連結後，助選員才回頭談跨性別權益。＊易地而處，從各據一方，變成大家同一陣線。

誰會不認同大愛的重要性？誰會不同意減少不幸、向我們愛的人伸出援手很重要？如果你也認同這樣的觀念，你或許沒意識到，保護跨性別權益其實相當近似於你已經擁有的信念。

如同費萊雪所言：「我知道自己最好的一面，也知道自己最糟的一面。我感激其他人協助我做最好的自己。那就是我們在民眾的門邊做的事。我們基本上是在說：『嘿，我看到你。我知道你最好的一面是什麼樣子。』你是那樣看的嗎？你想當那樣的人嗎？是的話，下次投票時，你要如何應用那樣的信念？」

深度遊說是激起漣漪的石子，影響不斷擴散。雖然對話的時間相對短，效果卻不只是在一九九八年至二〇一二年間，改變了美國人對待同性戀的態度。在那段近十五年的期間過後，依舊持續發酵。

而最值得留意的，是哪些人士的心態有所轉變。受影響的不只是搖擺的中間派，也不只是稍微改變想法的民主黨人，或原本就支持跨性別權益的人士。深度遊說超越黨派與成見。就連最初反對跨性別權益的民眾，也關懷這個議題。

老闆認為成本過高，不支持提案？同事不信公司文化那一套，認為太不知所云？催化劑可以轉換立場，找出沒有爭議的地方。

與其硬闖阻塞的道路，不如去探索人們較不堅持己見的相關面向。即便某人在某個層面像是對手，他多半擁有不只一個層面。大家有共識的事包括讓公司繼續成長、維持高員工留任率等等。從那些地方著手。從那些共識起步，再一步步推進。

＊聽起來有點耳熟嗎？沒錯。深度遊說與人質談判經常使用的階梯模型，有許多共通之處。不開頭就想說服人，先從其他事談起，建立信任感與理解。不過，深度遊說除了從理解著手，重點是找出雙方沒有異議的地方（不分歧的點），藉此轉換所在地，朝看似遙不可及的地方邁進。

距離是改變的第三個主要障礙。抗拒心理的重點是人們感到有人試圖說服時會反抗。但即使只是單純提供資訊或證據，距離也會造成影響。如果過分遠離人們目前的位置，資訊或證據將落入拒絕區，被打了折扣或被無視。

為了催化改變，我們因此需要找出有轉圜空間的中間地帶。找出所需改變幅度較小的中間派，他們可以幫忙說服其他人。萬一要試著改變距離較遠的人，如同普利斯特醫生讓人少喝點汽水，我們需要從小的要求做起。把大改變拆分成可做到的小改變或踏腳石，循序漸進。最後，如同費萊雪的深度遊說，我們需要找到沒有異議的地方，從大家都認同的事出發，把那裡當作支點以轉換立足位置。連結有類似之處的領域，讓人以不同眼光看待最初的主題。

甚至小小改變一下。

範例時間

如何扭轉投票者的心意

是什麼原因，使得一個從小到大都支持民主黨的人，居然投票給共和黨？一個死忠的保守派又是如何轉變成自由派？

從保守人士支持跨性別權益，一直到支持禁酒的民眾考慮放寬限制，目前為止我們已經看了好幾個例子，了解縮短距離可以如何推動政治改革。

但是有的人會說，這些都是規模相對小的例子。改變對禁酒等單一議題的看法是一回事，若要改變整體的政治信念，例如改為支持其他政黨，就得另當別論了。

換政黨在史上確實有幾個出名的例子，例如雷根總統原本是民主黨，甚至還是工會領袖，卻在一九六二年加入共和黨。參議員伊麗莎白．華倫（Elizabeth

Warren）多年來都是死忠的保守派，今日卻成為民主黨的進步派。

然而，那一般民眾呢？有可能讓選民轉向嗎？有的話，要怎麼做？

從右派走向左派

希爾薇亞·布朗蔻（Silvia Branscom）生於一九七〇年代中期，她是土生土長的伊尼德鎮（Enid）人。該地素有「奧克拉荷馬州的小麥之都」稱號，位於北美大平原東側，不偏不倚落在美國的心臟地帶。居民絕大多數都是白人，地方社群以敬畏上帝為榮。希爾薇亞四歲時父母就離婚，在那之後，她開始上浸信會教堂。

希爾薇亞的母親後來再婚。新繼父是愛家的好男人，對希爾薇亞視如己出，帶她認識車子，還教她居家修繕。

然而，繼父的政治立場是極右派，曾加入美國國民兵（National Guard），大力支持人民擁槍的權利。他認為人應該努力工作，不該遊手好閒，還反對墮胎，認為女性不能當領袖。

在希爾薇亞的成長過程中，人人都愛雷根，希爾薇亞也一樣。不支持保守派，簡直就是不信仰上帝，你怎麼能當個「殺嬰者」？希爾薇亞到了真正能投票的年齡後，不論任何選舉，一律投共和黨。

希爾薇亞結婚生子。她和一般的小鎮居民一樣，高中一畢業就結婚，二十一歲懷孕，每個星期日和先生一起上教堂。

她的先生是一家之主，負責賺錢養家，希爾薇亞則留在家照顧剛出生的孩子。希爾薇亞認為女人服從丈夫是天經地義的事，甚至大聲宣揚這種看法。她的先生後來取得石油工程的碩士學位，一家人搬到阿拉斯加。

希爾薇亞一直想回學校讀書。她熱愛學習，甚至曾經到短期大學攻讀文科學位，直到因為懷孕中斷學業。搬家後，她重拾讀書的興趣，在阿拉斯加大學一學期修兩門課。

在大學裡，希爾薇亞碰到兩位深深影響她的教授，她的想法開始轉變。一位是辯論課的教授。那位教授說世上沒有放諸四海皆準的真理，但希爾薇亞回應上帝就是普世的真理。

接下來，班上辯論美國憲法第二修正案，探討人民能否持有槍械。希爾薇亞認為這個辯論題目太簡單，鐵定會贏，因此躍躍欲試，自請替這個題目上陣。然而，希爾薇亞慘遭滑鐵盧。她的對手參加過全國性的辯論賽，全美排名第四。那位同學提出的論點，她連聽都沒聽過。在希爾薇亞的家鄉，你不允許質疑傳統。

另一位影響希爾薇亞的是教西方文明的教授。希爾薇亞從小接受的教育是一個人如果不是基督徒，一種可能是沒聽過耶穌，要不然就是那種會吸毒犯罪的壞人，但那位教授完全推翻這種說法。教授不是基督徒，但依舊是好人、好公民，而且他熟悉聖經的程度，遠勝過希爾薇亞認識的所有人，包括家鄉奧克拉荷馬的所有基督徒。

西方文明教授在課堂上談十字軍東征，還談到基督徒其他形式的壓迫手段，角度全都和希爾薇亞從小到大學的東西不一樣。

兩位教授都沒試圖說服希爾薇亞她相信的事是錯的，也沒逼她承認老師說的才對。教授沒告訴希爾薇亞該做什麼、要如何思考，只不過是讓她看見另一條路，明白世上有不同的做法。

西方文明的教授與希爾薇亞相像的程度，尤其讓他落在希爾薇亞的接受區，但兩人的差異又多到能鼓勵她轉變。教授對聖經滾瓜爛熟，只不過觀點不同。

希爾薇亞仍舊支持共和黨，也依然是虔誠的基督徒，但她開始有所疑問，開始質疑長久以來認為理所當然的看法。

再後來，希爾薇亞的先生調到蘇格蘭。希爾薇亞因此無法取得學士學位，但搬到國外讓她能接觸到以前不曾見過的世界。

希爾薇亞在英國第一次認識穆斯林，那位女性的兒子，和希爾薇亞的孩子上同一間幼兒園。希爾薇亞後來又交到來自印度的女性朋友，思考更為全球化。

事情開始模糊起來。以前不證自明的宗教信仰，或是別人告知的正確答案，突然間好像不是那麼理所當然了。

當希爾薇亞再度回到美國，這次她看到的東西不一樣了。她訝異美國有多麼不重視教育。希爾薇亞從前是狂熱的體育迷，但如今經費用在教育與運動的懸殊比例令她忿忿不平。奧克拉荷馬州的教師被迫發起罷工，原因是他們的年薪不到四萬美元，而地方高中幫美式足球場重鋪草皮，就要四十萬。

希爾薇亞訝異各地有那麼多的槍枝暴力，以及系統性的種族歧視，刑事司法系統尤其問題重重。希爾薇亞是在英國生下女兒，她訝異美國的健康照護有多麼不足。就連教堂裡的布道都好像不對勁了。眾人談論愛與慈悲，但對象僅限於信仰相同宗教的人。

最後過了近十年，希爾薇亞才改變。她在一九九二年投給共和黨的老布希（George H. W. Bush），一九九六年投給共和黨的鮑伯．杜爾（Bob Dole）。最終她感到共和黨不再反映出她的價值觀。共和黨號稱關心信仰，但不像希爾薇亞那樣關懷老弱婦孺。

二〇〇〇年的總統大選，希爾薇亞投給了民主黨的高爾（Al Gore）。

希爾薇亞今日自認是民主黨人，堅信種族與性別平等。她認為每個人都獲得照顧時，社會將更美好。

當今的美國如此分裂令希爾薇亞感到難過。她和許多民主黨支持者不同，沒那麼氣共和黨。她相信多數的共和黨支持者出發點良善，但看不慣多數的共和黨政客，也討厭他們利用人民的恐懼當選。鄉下的社區完全繞著教堂與家庭打轉，有時他們忘了大家全是一家人，人人都該得到關懷。

從左派走向右派

迪亞哥．馬丁內茲（Diego Martinez）在加州中央谷地（Central Valley）一帶長大。更精確來說，他的家鄉是舊金山東邊九十英里處的莫德斯托（Modesto），屬於藍領城市，有著全球最大的釀酒廠。附近的肥沃農地生長著杏仁果、核桃與各式作物。超過三分之一的居民是西班牙裔或拉丁裔，雖然沒有加州其他地方那麼偏自由派，該地支持自由派的程度，依舊勝過保守派的勢力。

迪亞哥的父母是來自墨西哥的移民。他在轉學到聖地牙哥州立大學（San Diego State）前，在莫德斯托初級學院（Modesto Junior College）讀書。

迪亞哥第一次登記投票時，他和許多朋友一樣申報自己支持民主黨。當時的熱門主題是婚姻平權、濟貧與不參與外國戰爭。此外，民主黨似乎也對移民較為友善，對迪亞哥來說這些全是重要議題，他一次又一次投票給民主黨。二〇〇八年和二〇一二年的總統大選都投給了歐巴馬，二〇一六年也支持希拉蕊。

然而，在二〇一六年尾聲，迪亞哥開始憂心民主黨支持的議題，對歐巴馬談的男女薪資差異感到困擾。迪亞哥同意確實存在差異，但原因不是歐巴馬指出的那些。而且他不樂見歐巴馬成為「社會正義戰士」。

迪亞哥也不喜歡自己認識的民主黨支持者的所作所為。他住在紐約市，有愈來愈多的民主黨朋友對其他人擺出「我比你高一等」的姿態，一副無所不知的樣子，彷彿他們的政黨能解決一切問題，別人都不行。

不過，迪亞哥最不安的是缺乏開誠布公的討論。在他的朋友圈與同儕圈，如果不百分之百認同民主黨的自由派共識，那你一定是種族歧視者、智識低落。迪亞哥認為民主黨與現實世界脫節。

迪亞哥感到被強迫，他不喜歡那樣，開始尋求更開闊的世界。

迪亞哥開始聽喬登．彼得森（Jordan Peterson）演講，這位多倫多大學的心理學教授強烈批判政治正確。他也開始追蹤保守派的政治評論人夏皮羅（Ben Shapiro），了解大學如何灌輸看法給美國的年輕人。此外，迪亞哥也關注納西姆．塔雷伯（Nassim Taleb）的作品。這幾位知識分子的看法全都落入迪亞哥的接受區，並緩緩將他拉向場上的另一頭。

迪亞哥覺得他們的論點很吸引人，沒人像他們那麼睿智。他們幾位對於言論自由、責任、自我實現與歷史等主題的想法，迪亞哥認為很有道理，他的思考逐漸受到影響。

塔雷伯的著作尤其點出了民主黨朋友長期帶給迪亞哥的感覺。那些朋友高呼種族平權，但不曾與俄裔的計程車司機喝過酒。他們談論很多抽象的崇高理念，但向來脫離現實。

迪亞哥認為民主黨的支持者，尤其是他的自由派同儕，愛談多元與平等，但不碰觸經濟與國家安全等實際的重大議題。他訝異同一批自由派朋友把科學當成氣候變遷的證據，卻對男女具備生物性差異視而不見。

迪亞哥開始受到光譜更保守的那一端吸引，二〇一七年夏天，他登記成為共和黨員。

迪亞哥不認為自己的共和黨朋友或保守派朋友說的每一件事都對，也不開心川普當選，但居然有那麼多自由派因為川普勝選大受打擊？迪亞哥感到匪夷所思。自由派太以道德自居，卻不捲起袖子解決實際的問題。

迪亞哥知道美國不只有教育程度高的沿海富裕城市。他感到共和黨提倡的言論自由對他很重要。此外，迪亞哥因為意識形態的差異而失去過左派的朋友，右派的朋友卻不曾因為意見不一就罵他種族歧視。

希爾薇亞與迪亞哥的故事看似相當不同，一個是從右派轉左派，來自美國中部的高加索女性；一個是從左派變右派，來自美西的西班牙裔男性。兩人的歷程雖然方向不同，實際上有許多共通點，也不只是他們都在農業區長大。

希爾薇亞與迪亞哥都是因為人生出現幾位關鍵人士，改變了他們的看法。那些人士並未對他們下指導棋，也沒強迫他們改變，只不過是減少了抗拒心理，讓人自行決定。他們引導或形塑了心路歷程，開啟眼界，讓人看到新資訊與新點子。幾位關鍵人士的確是大學教授與公共知識分子，但也是希爾薇亞與迪亞哥在日常生活中經常見到的友人。

除此之外，如同大多數的重大改變，事情不會瞬間發生。要有人出面縮短距離，要用許多的小步驟加在一起，而非一蹴可幾。要有持續好幾個月、好幾年的多次互動。那是一種緩慢的漸進式變化，契機是外出看世界的機會，以及對缺乏意義的論述之關切。

藉由從共通處發揮作用，再不斷累積，希爾薇亞與迪亞哥生活中的催化劑成功改變了兩人的思考。

不過，在克服距離之後，還得對抗另一個大魔王：我們下一章要談的「不確定性」。

第四章
不確定性

The Catalyst:
How to Change Anyone's Mind

一九九八年時，美國職棒小聯盟的前票務人員尼克・史文莫恩（Nick Swinmurn），在舊金山的購物中心走來走去，想買一雙鞋。他不是隨便逛逛，早已想好要買 Airwalk 的某款靴子。

A 店有尼克要的款式，但沒有他要的顏色。B 店有他要的顏色，但沒有他的尺寸。一小時後，尼克還在找下一家店，每家店都沒有他想買的鞋。所有的店都跑遍後，尼克垂頭喪氣，空手回家，心想：**一定還有更好的買鞋方法**。

當時舊金山灣區正處於網路的創業熱潮，尼克認為線上鞋店應該會成功。你要的品牌、款式、尺寸、顏色，一應俱全，只需要搜尋一個操作簡便的網站，就全部搞定。尼克募集資金，架設基本網站，Shoesite.com 就此問世。

然而，建立線上事業不容易。僅僅幾個月後，Shoesite.com 就現金告罄，燒完第一輪的募資，還得再募第二輪。但公司的銷售不振，難以讓大型創投感興趣。

簡單來講，創投者不願意投資線上鞋店。尼克到處去見投資人，對方的回應都一樣：誰想在網路上買鞋？

Shoesite.com 的一線生機是公司完全沒有競爭者，每個人都認定這是一門鐵定賠錢的生意。

今日我們什麼東西都在網路上買。鞋子和衣服不用說，就連貸款、車子、看醫生，甚至是寵物，也能在網路上搞定。成長過程中找約會對象是靠手指左滑到右的世代，不曾聽過撥接數據機的奇異聲響，很難想像自己需要的東西，無法按個鍵就找到。

但在尼克創業的年代不是那樣。今日無所不在的線上購物，讓人感覺民眾應該會瞬間接受在網路上買鞋，業績一飛沖天，但完全沒那回事。

事實上，在一九九〇年代晚期和二〇〇〇年代早期，電子商務一敗塗地。儘管所有人都把線上銷售捧為救世主，實際上只占消費量的九牛一毛。人們購買的商品與服務中，每消費一百美元，僅五美分多是在網路上購買。真實面是多數的線上商務，都來自製造業出貨與批發商品等 B2B 交易。

輝煌時期的 Pets.com 曾在超級盃砸重金打廣告，最後卻淪落到解僱全體員工。雜貨送到家公司 Webvan 曾有十億美元估值，十八個月後關門大吉。二〇〇〇年十月到十一月的六週期間，平均每天都有一家網路公司倒閉。

就連亞馬遜（Amazon）都曾遭受重創。一九九九年的最後一季損失三・二三億美元，在二〇〇〇年底，股價自五十二週高點，暴跌超過八三%。

問題出在民眾還是習慣到實體店面購物，想要什麼東西，就開車到最近的零售店，架上有什麼就買什麼。

親自去買或許不是最佳的購物方式，也不是最有效率，但那是習慣，令人感到熟悉又安全。

Shoesite.com 要成功的話，尼克就得改變消費者的行為，克服所謂的「不確定稅」（uncertainty tax）。

不確定稅

就在幾年前，我正亟需逃離酷寒的天氣、休息一下。那年的冬天特別天寒地凍，整個城市籠罩在極地氣旋裡，冷死人了，是時候度個假。

邁阿密似乎是度假的好地方，就連在二月都陽光普照，氣溫達攝氏二十四度左右，又有美麗的沙灘和美食，只需要找間旅館就可以了。

我上網搜尋各種網站，最後要二選一。兩間飯店都提供有陽台的海景房，價格也相同。

唯一的差別是房間的豪華程度。A 旅館是一、二十年前裝潢的，房間普通，不讓人驚豔，但不會差到哪裡去。

B 旅館最近才剛整修，部分房間是全新的，無可挑剔，有一流的新家具和新地毯，看上去美極了。然而剩下的房間好一陣子沒翻新過，看起來很昏暗，設備過時，床幾百年前就該換了。

如果我能訂到 B 旅館的好房間，該怎麼選顯而易見。但是當我打電話過去，櫃檯人員表示要看到時候是哪間的房客退房，才知道入住哪一間。他們可以標注我想要新房間，但不保證一定有。

我得做出決定。如果訂 A 旅館，一定有相當不錯的房間。還是我要賭一把，訂 B 旅館？最後有可能比 A 旅館好，但也可能比較差。

如果你處於類似的情境，你會怎麼選？打安全牌？還是選有風險的那一個，但有可能更美好？

科學家沒做過完全一樣的旅館實驗，但他們進行過數十次、甚至數百次類似的實驗，讓人們二選一，看看他們會選哪一個。A是確定品質還過得去的選項，B是不確定，但有可能比A好。

假設你可以選擇「直接拿走三十元」或「賭博」：有八成機率能拿到四十五元，兩成機率則是空手而歸。

這個例子和我的邁阿密旅館不一樣，輕鬆就能算出「正確」答案，找出百分之百理性的人會做出的選擇。賭博的期望報酬較高，賭十次有八次會拿到四十五元。當然，你會有兩次拿到零元，但多數時候你能拿到的錢，超過能直接拿到的三十元。即使考慮什麼都沒拿到的那兩次，以期望值來看，賭一把依舊是比較好的選擇。賭十次，預期將能淨賺 8 ×$45 = $360。老老實實不賭的話，只會拿到 10 ×$30 = $300。

然而，想一想你自己碰到這種事會怎麼做。你會選可以穩拿的三十元，還是賭一下？

如果你和多數人一樣，你大概會選一定能拿到錢，三十元落袋比較實在。就算這種選擇的期望值較低，平均而言拿到的錢較少。

為什麼？因為人類會規避風險。確知能拿到什麼比較安心。只要結果是好的，我們傾向於走確定的路，不喜歡冒險，*即使是平均而言，冒險一試的結果會更加美好的狀況。

如果能住到新裝潢好的飯店房間，我的假期將是更美好的回憶。然而，萬一住到破破爛爛的老房間，我會有多失望？雖然拿到爛房間的機率比較低，真的值得為此冒險嗎？

在人們心中，不確定的事會貶值，這種現象叫「不確定稅」。在「萬無一失」與「冒險」之中做選擇時，重賞之下才有勇夫。翻修過的房間必須相對高級很多，賭博的期望報酬必須非常高，才會有人選。

---

*如果事情涉及「獲得」或「碰上好事」，風險規避的傾向尤其強烈。如果是不賭一把有可能失去，人們則願意冒險。比起確定損失一筆小錢，人們會寧願冒失去更多錢的風險，賭賭看完全沒有損失的機會。

不確定稅遠比想像中高得多。

二〇〇〇年代初，三名芝加哥大學的研究人員，詢問民眾願意花多少錢購買五十美元的禮物卡。[1]禮物卡由當地某間零售店發行，一定要在接下來兩個星期內用完。思考過之後，人們平均大約願意出二十六元。有的人平時不到那間零售店買東西，其他人則擔心兩星期內用不完。基於這兩點，再加上其他的考量，導致禮物卡價值在他們心中大約只有實際價值的一半。

另一組人則被問到願意出多少錢購買那間零售店的一百元禮物卡。結果很類似，答案有多有少，但基於剛才提到的種種理由，大家平均願意出四十五元左右，同樣大約是實際價值的五成。

這個結果同樣在情理之中。

然而，研究人員在第三組加進不確定性。[2]這一組拿到機率是五成的彩券：有五成機會拿到五十元的禮物卡，五成機會拿到一百元的禮物卡。受試者願意出多少錢買這張彩券？[3]

答案揭曉前，先想一想更簡單的問題。相較於五十元禮物卡，那張彩券的價格**應該**要是多少，人們才會願意購買？相較於五十元的禮物卡，他們會願意出更多錢嗎？還是更少？差不多？

考慮這類問題時，「理性」的答案很明顯：一個有風險的機會，價值理應介於最佳與最糟的可能結果之間。

以二手車為例，假設估價為一萬美元，但買了可能需要更換時規皮帶。萬一得換，修理費是一千元，也因此多數人會說，那輛二手車大約價值九千到一萬之間。要換時規皮帶的話是九千，不用換是一萬。

你可能會平均這兩個數值，認為那輛車值九千五。如果你認為要換時規皮帶的機率很高，你的回答會比較接近九千（例如：九千兩百五），但無論如何，那輛二手車價值九千至一萬之間，也就是介於最好與最糟的結果。

同樣的邏輯應該要能用在禮物卡上。我們不知道彩券會帶來五十元或一百元的禮物卡，但最糟是拿到五十元的禮物卡，所以人們理應至少願意出五十元。或許不會比五十元多出多少，但至少該多一點點。

但實際情形不是如此。

完全沒這回事。研究人員分析數據，結果正好相反。人們不願意多掏錢買彩券，多一點點都不願意。他們甚至不願意付與面額相同的錢。事實上，儘管他們大約願意付二十六元購買五十元的禮物卡、付四十五元買一百元的禮物卡，卻只願意付十六元買彩券，也就是幾乎比最糟的結果還少五成。4

原因正出在不確定稅。

人們替禮物卡出價時，確知會拿到多少錢的禮物卡。他們願意拿出 X 元，交換面額確定是 Y 的禮物卡。

然而，買彩券就無法確定了。他們不知道會發生哪一種結果。雖然兩種結果都不錯，不確定性會帶來成本，他們眼中的彩券價值因而下降。

改變幾乎永遠都會帶來某種程度的不確定性。在網路上買鞋好嗎？真的比較省時省力，還是會給自己添麻煩？鞋會合腳嗎？送來的鞋會和想像中一樣好嗎？你很難確定答案。

況且人類不喜歡不確定性，不只是碰上天氣不好、牛奶臭掉，或是各種有點煩的狀況那種不喜歡。人們是**真心**厭惡不確定性，討厭到有貨真價實的有形成本。

不確定性甚至比某些確知的負面結果還糟。知道開會將遲到一定有點煩，但不確定到底能不能準時，通常會更鬱悶。被開除不是好事，但想著到底會不會被炒魷魚，更是令人抓狂。

因而當改變的不確定性愈大，人們愈覺得一動不如一靜。某項產品、服務、點子愈難判定優劣，價值就愈低，此時比較不像禮物卡，更貼近彩券。

院子地上出現枯黃斑點，但不確定草皮維護公司能否解決？或許就先不叫人來處理吧。不確定管理階級是否會獎勵「思考跳脫框架」的員工？那就別自找麻煩，沿用以前的做法就好。

不確定性會降低「換個方式做事」的價值，人們改變的可能性下降。

讓新事物在人們心中價值偏低已經夠糟了，但不確定性還會帶來另一層阻礙，常常會導致決策完全停滯不前。

按下暫停鍵

有一項著名的研究是請史丹佛學生想像，他們剛考完一場很難的資格考。[5]

> 現在是學期末，你累死了，而且剛剛得知考試過了。你現在有機會以非常誘人的超低特惠價，購買聖誕節的夏威夷五日遊。優惠只到明天，你會怎麼做：
>
> (a)買下假期優惠組？
>
> (b)不買假期優惠組？
>
> (c)付無法退錢的一百五十元保留費，讓你後天依舊能以相同的特惠價購買？

前兩個選項直接了當。買，或不買。第三個選項則延遲選擇，不現在就採取行動，晚一點再下判斷，以後再說。

大部分的學生回答會購買這個五日遊。雖然也有幾個人說不買，或是晚點再決定，但絕大多數的人表示會買。

第二組學生拿到類似的設定，但這組的設定是他們考砸了，將得在假期結束後的兩個月內補考。

「敗北組」考試沒過，但他們的選擇和考試通過的人幾乎完全一樣。大部分的人回答會購買這次的夏威夷遊。

這種結果很合理。對通過考試的人來說，出遊是獎勵，到夏威夷慶祝！考試沒過的話，度假則是安慰獎，有機會休息一下，在補考前提振精神。理由不同，但最終的選擇是一樣的。

但這項實驗還有第三組人。他們沒被通知考試究竟有過還是沒過，而是被告知還不確定，考試結果懸而未決。此外，第三組和「敗北組」一樣，得知要是沒過，將得在兩個月內補考。

如果說考試有過的人會去度假，沒過也會去度假，那不知道有沒有過應該沒差吧。就算不確定考試結果，理論上還是會去度假。

然而當事情加進不確定性後，人們的選擇發生變化。大部分的人沒買五日遊，決定晚點再看看，等事情比較確定了再說。一動不如一靜。

有鑑於此，不確定性就像是暫停鍵。先別動，讓事情保持原樣。

不確定性因而有利於維持現況，讓人們繼續做原本就在做的事，反之是對改變不利。不確定性讓人不想來點新鮮事，還是再等一等、先跟以前一樣就好，至少等情勢明朗一點再說（如果真有那麼一天）。

不確定在網路上買是否比較好？或許還是和以前一樣，開車到店裡逛一逛。不確定是否該派人執行新計畫？那就等事情確定一點後再決定。

新事物幾乎永遠帶有不確定性，也因此，如果不清楚「新」會比「舊」好上多少，人們就覺得或許該打安全牌，維持現況。

如同賽車道上的警告旗幟，或是公路上的施工標誌，不確定性使前進的腳步放慢。[6]人們會暫停，鬆開腳下的油門。

那麼該怎麼做，才能讓人們不要停下？

可試驗性

前述問題的答案，竟來自看似風馬牛不相及的領域：混種玉米。

埃弗雷特．羅吉斯（Everett Rogers）生於一九三〇年代初的愛荷華州鄉下農家。當時經濟大恐慌剛剛揭開序幕，美國各地的日子都不好過，但愛荷華州鄉間的生活尤其困苦。農場沒有暖氣、自來水和電力，羅吉斯從小就得幫忙農活，除了到只有一間教室的校舍上課，還得餵雞、擠牛奶，接手一切必要的雜務。

對羅吉斯來講，進大學不是人生中最重要的目標。要不是因為老師開車載幾個比較優秀的高年級生，前往愛荷華州立大學（Iowa State）參觀，羅吉斯畢業後大概會留在家。羅吉斯是第一次到那間學校，然而所見所聞令他心生嚮往，決定攻讀農業系所。

每年夏天，羅吉斯回家裡的農場幫忙，順便帶回最新、最重要的農業創新資訊。包括輪作的好處，以及借助科技來增進效率與產量等新觀念。

但是大多數的時候，農民們只把羅吉斯的建議當耳邊風，例如混種玉米的種子較為耐旱，且產量可以提高二五%，他的父親卻不願意採行。

羅吉斯好奇為什麼人們不願意採用，因此在取得碩士學位後，又回到愛荷華州立大學攻讀博士。

幾年前，有兩位大學老師正好研究過混種玉米，也就是羅吉斯的父親不願意採納的創新。他們調查了兩個愛荷華社區的兩百五十戶農家，發現即使混種玉米實際上「更好」（莖部更強韌、每粒種子產出更多玉米），最終卻過了十三年，才終於所有人都接受新種子。而且即使開始採用新種子，又要再過近十年，農民才會把所有田地都用新品種來播種。

羅吉斯對這個議題太感興趣，決定用除草劑做類似的研究。回顧文獻時，他發現其他領域也在研究類似的問題。到底是哪些因子影響著教育課程的普及，或是一種新藥的成功？

羅吉斯發現各領域之間有相似之處，開始發想一種通用的「傳播」（diffusion）模型。他的理論不侷限於農業創新與農民，而是探討究竟是哪些原因使得新發明、新技術或新點子得以在一群人中擴散開來。不論那群人是消費者、員工、教師或其他任何身分。

當他在論文委員會面前提出這個模型，學者們半信半疑。不同的創新、人口、地點與文化，怎麼有可能是出於相同的原因而成功？光是一體適用的假設似乎就很荒謬。

那天的口試結束後，羅吉斯恰巧碰到其中一位論文委員。那位教授正在專心讀一本書，但羅吉斯經過時，教授抬頭瞄了一眼。「委員對你的擴散模型通用程度，有著許多疑問。」教授說，「但或許你能寫出一本有趣的書。」

數十年後，羅吉斯的著作《創新的擴散》（*Diffusion of Innovations*）成為現代經典作品，名列引用次數第二高的社科書籍，幾乎達十萬次。從行銷到管理，再到工程、經濟學與能源政策，各個領域爭相引用。

羅吉斯在書中主張，創新事物被採用的速度不同，有八七%的情況光靠五個特性就能解釋。不論是混種玉米、現代數學、冰箱，或是距今不遠的網路問世，幾項屈指可數的特徵，就能解釋為什麼有的東西一炮而紅，有的則遲遲無法引起迴響。

羅吉斯找到的關鍵因素中，最重要的一項是他稱為「可試性」（trialability）的概念，有辦法解釋他檢視的研究中差異最大的例子。

簡單來講，「可試性」是指某樣東西有多容易試用。在條件有限的情況下，某樣東西能被測試或體驗的程度。

某些產品、服務或點子輕鬆就能試用。舉例來說，如果有人向你推薦新的部落格，傳送連結給你，你輕鬆就能確認。只要點一下就能進入網頁，大概知道那個部落格在做什麼、風格是什麼，自己會不會感興趣。

新的紙巾品牌也一樣，紙巾便宜又好找，還不必學怎麼用。

其他的例子則不一樣。以財務顧問的新型專業管理軟體為例，如果財務顧問必須購買軟體、花數小時輸入資訊，還得讓所有的客戶共襄盛舉——一切發生在還不知道軟體是否真能省時省錢之前——這種產品的可試性就不高。

某樣東西愈容易試用，就會有愈多人用，也更快能流行起來。[7]加入藥物試驗的藥物治療計畫，最終獲得採用的可能性是五倍。大學講師是否採行新的教學科技，很大程度取決於能否事先試用。此外，從網路銀行、雲端運算、農業創新，一直到電腦遊戲，其他諸多研究探討了各式各樣的主題，同樣發現「可試性」是獲得採行的重大動力。

「可試性」的力量，來自於方便人們降低不確定性，輕鬆就能體驗與評估新事物。

不過，「可試性」不是固定不變。某些產品、服務、提案或點子的確比較容易試用，但即使是**相同的**東西也能增加「可試性」，改變人們的心意，不再按兵不動，轉而支持、執行、購買或嘗試新事物。

問題出在要怎麼做才能減少試用的障礙，降低不確定性？四種關鍵方法包括：（一）、運用「免費增值」（freemium）；（二）、降低前期成本；（三）、讓人們有機會認識；（四）、後悔也沒關係。[8]

運用「免費增值」

Dropbox 和優步、Airbnb 一樣，經常名列「獨角獸企業」名單，也就是估值超過十億美元的新創私人公司。這間雲端硬碟公司問世還不到十年，註冊用戶就超過五億人，二十多萬間企業與組織爭相選用，公司估值超過百億。

然而，Dropbox 並非一開始就是天之驕子。

Dropbox 起初卯足了勁，但客戶說什麼就是不肯用。公司提供的技術雖然新穎，Dropbox 試圖解決的卻是多數人不自知的問題。大家都習慣把檔案與照片等內容存放在自己的電腦裡，改用雲端服務讓人有點害怕。花了無數小時製作出完美檔案後，最慘的事就是檔案不見了。重要的全家福照片也一樣。看見電腦桌面上有東西，給人一種安全感，至於雲端就比較不容易理解。Dropbox 的確提供更多儲存空間，存取方便，但萬一伺服器當了怎麼辦？

Dropbox 的執行長考慮過聘請行銷人員或購買搜尋廣告，但公司能動用的資金不多，投資報酬率似乎也不高，因此比起試圖說服民眾他們的服務有多好，Dropbox 另闢蹊徑。

Dropbox 決定免費贈送服務。

表面上，這麼做只會雪上加霜。免費奉上你的產品？這似乎違背了成功企業的基本法則。就連擺攤子賣檸檬水的八歲小孩都知道，要賺到錢的話，你得收費。公司要是一毛錢都不收就提供產品或服務，到底要怎麼獲利？

但這步險棋成功了。

僅僅兩個月，Dropbox 的用戶數就成長至兩倍以上。不到一年，就變十倍。沒過多久，Dropbox 的營收就達數十億美元。

Dropbox 的成長方式是採取「免費增值」（freemium）的商業模式，只要註冊就能免費使用服務。你可以儲存檔案、上傳照片，嘗試使用其他各種功能，完全不需要付一毛錢。

顧客會喜歡「免費增值」的理由很明顯。不用錢誰不愛？

但對企業本身而言，這種商業模式同樣是無價之寶，因為免費的服務能鼓勵更多人試用。

有些民眾可能聽說過 Dropbox，也想過要用，但如果要叫他們拿出二十元、十元，或甚至只是五塊錢，他們會敬謝不敏。畢竟學新東西已經得花力氣，再加上每個月都得付費，除非是很不滿意自己目前的檔案儲存方式，否則改用 Dropbox 的成本高到無法接受。

免費提供 Dropbox 服務則稍微降低了換方案的成本。人們依舊得上傳所有的檔案、學著使用新系統，但既然服務是免費的，更多人願意先註冊看看。

如果「免費增值」只能做到這些，那絕對不夠。有新顧客很好，最終公司還是得賺到錢。

此時「免費增值」的第二部分上場。

「免費增值」（Freemium）一詞，其實是兩個英文字拼在一起：「免費」（free）加「增值」（premium）。服務最初或初階的版本不收費，但只要用戶體驗過後極為滿意，最後就願意升級到進階版或增值版。

Dropbox 大方提供免費的儲存空間，足以分享大型文件、上傳 PowerPoint 簡報，還能儲存照片與影片。

而且人們一旦開始用 Dropbox，就會養成習慣。他們先前可能使用好幾張記憶卡或外接硬碟，但 Dropbox 的免費空間大到足以讓他們移情別戀，改成靠這種服務來分享檔案、存放小組計畫與儲存珍貴回憶。

但就在人們養成習慣的期間，將用掉許多儲存空間，如果存放了一大堆東西，最終免費空間會不夠用。為了取得更多空間或使用額外的功能，重度使用者將升級至付費版本。*

「免費增值」讓用戶有時間與空間探索服務提供的東西。當然，有的用戶會上傳一個檔案，接著就不再使用，但如果服務很實用，人們會回來第二次、第三次，在過程中發現服務提供的價值。

與其由公司出面說服大家 Dropbox 真的很好，不如讓使用者自己說服自己，因為他們已經用過服務而且喜歡。

而且這並非 Dropbox 的獨門祕技，成千上百的公司都曾經靠這個模式成功。玩

---

*「免費增值」讓人買單的原因通常是「轉換成本」（switching cost）。由於開始使用 Dropbox 要花時間、花力氣，一旦上傳大量檔案，就比較不可能改用對手的服務，即便對手提供兩倍的免費空間。「免費增值」因此類似於「刮鬍刀與刀片」的定價模式（razor-razorblade，即使後者的初期不是免費的）。商家通常會免費贈送刮鬍刀，或是以相當便宜的方式出售，將顧客鎖定在自家的專屬系統或平台內。不同公司的刀片，通常只能裝在自家的刮鬍刀上，因此顧客一旦用過某個系統，就跑不了，公司能夠收取利潤更高的刀片價格。道理如同吉列刮鬍刀的創辦人金．坎普．吉列（King Camp Gillette）所言：「送人們刮鬍刀，賣他們刀片。」軟硬體必須一起搭配的產品通常也採取這種方式，例如新的電玩系統以成本價出售，甚至虧本在賣，因為公司知道可以販售只能在他們的系統上玩的遊戲，靠日後的利潤回收投資。

Candy Crush 遊戲不用錢，但如果要解鎖某些關卡或功能，就得掏出一點錢。閱讀網路版的《紐約時報》（*New York Times*）新聞最初是免費的，但一個月內讀了十篇報導後，就得付錢才能繼續看。利用這種方式成功的企業還包括 Pandora、Skype、LinkedIn、Evite、Spotify、SurveyMonkey、WordPress、Evernote 等等。[9]

重要的是，「免費增值」並非請君入甕的把戲。Dropbox 並沒一開始先說是免費的，接著突然要收月費。「免費增值」不是在引誘消費者上鉤。

只有在用戶自行決定要升級後，才需要付費。等到用戶想要加大儲存空間，使用額外功能或擴充用途再說，由他們自行定奪。

高明的「免費增值」不需要特地催促，用戶就會主動想升級。如同我們在〈抗拒心理〉那章談過的自主權概念，「免費增值」讓人們自由選擇是否要從免費版變付費版。要不要升級，何時要升級，交由用戶決定。

Dropbox 如果急著要用戶付費獲得儲存空間，或是像 Pandora 等企業提醒用戶付錢取得無廣告的版本，多數的潛在用戶八成會拒絕，因為他們無法確定服務是否值得掏錢購買。但是，由於免費增值版協助人們發現服務的價值（或是以 Pandora 的例子來講，廣告很煩人），用戶會更願意掏出錢來。＊不是每個人都會付費升級，但起初試用的人愈多，日後就愈可能有更多人付費使用。提供先試再買，增加了購買的可能性。

「免費增值」的商業模式應用法，可以參見書末的〈附錄：運用「免費增值」〉。

降低前期成本

「免費增值」特別適合數位的商品與服務。在輕鬆就能改變所提供內容的情境，用戶可以自基本版無縫升級至付費版。

不過，相同的概念還能應用於更廣的範圍。至於該怎麼做，讓我們回頭看尼克如

＊顧客明白為什麼付費版需要給錢的時候，「免費增值」的效果最好，例如人們比較容易理解儲存空間有成本。「雲端」這個名字，聽上去像是把檔案擺在天上，但多數人都知道，其實是存放在必須有人付費的伺服器裡。如同把一堆箱子存放在自助倉庫要付費，儲存檔案同樣有成本。產品的額外功能如果並非明顯會拉高廠商成本，更是得清楚說明付費服務的價值在哪裡。

何解決他的 Shoesite.com 挑戰。

Shoesite.com 創始人尼克在創投人士再度拒絕挹資後，和高階主管佛瑞德．莫斯勒（Fred Mossler）腦力激盪下一步該怎麼做。他們需要想辦法刺激銷售，而且動作得快，Shoesite.com 快要山窮水盡。

他們想過打折扣戰，靠降價吸引顧客購買。眾所皆知，eBay 與 Amazon 等大型電商就是靠折扣讓新顧客上門，刺激營收成長。

但是尼克與佛瑞德擔心合作對象不會同意降價。鞋子公司極度保護品牌資產。消費者願意多付一點錢買 Nike，原因是認定 Nike 是頂級的酷炫品牌。打折有可能傷害高級品牌的形象，鞋子品牌會避免讓合作夥伴調降價格。

況且，打折或許能在短期內大力吸客，但基本問題依舊沒解決：人們不放心在網路上買鞋。降價只能暫時止血，效果也不大。

尼克與團隊想出不一樣的做法。他們沒看過有人做過類似的事，也不確定這樣做生意到底行不行，但至少是新奇的點子：提供免運費。

在那時免運的風險極大，尼克與佛瑞德不確定能否成功，也不曉得這麼做要燒多少錢。

當年多數的電商公司把運費當成利潤來源，以「運費與處理費」的名義多賺一兩塊錢，提升盈餘。

如果免運的話，Shoesite.com 非但無法靠運費賺錢，還得倒過來貼錢。每次有顧客下訂單，公司將得自掏腰包送達。所有的顧客加起來將是可觀的成本。此外，Shoesite.com 還得管理額外的庫存、處理顧客退回的所有商品。

儘管問題重重，Shoesite.com 已經沒別條路可走。資金正在快速見底，沒時間先做測試，探索可行性。

尼克與佛瑞德決定放手一搏。一九九九年十一月，官網頁面的頂端發布了免運消息的公告。

接著什麼事都沒發生，至少一開始是這樣。

但沒過多久，銷售就開始成長。Shoesite.com 二〇〇一年的營收為數百萬美元，僅僅過了三年就成長超過二十倍。再快轉幾年，公司已經一年售出超過十億美元的商品。

今日他們的倉庫堆放著數量驚人的三百二十萬樣商品，囊括近一千種品牌，品項當然有鞋子，但還多了各類服飾、首飾、配件，甚至還有行李箱。事實上，就算你沒在 Shoesite.com 買過東西，你八成至少認識一兩個買過的親朋好友。

沒聽說過 Shoesite.com？

或許你更耳熟的是公司成立幾個月後換的名字，源自西班牙文的鞋子「zapatos」。猜出來了嗎？現在他們的名字是 Zappos。

Zappos 推出免運時，許多人不看好。沒人認為會成功，而且這場背水一戰的成本也太昂貴。

然而，這招成功了，原因是免運費消除了主要的購買障礙：不確定性。

尼克與佛瑞德知道，顧客不放心在網路上買鞋的原因，在於他們想要試穿。網購不同於傳統零售，零售店的顧客在結帳前可以先摸到鞋子，感受一下，線上購物則最開頭就得付錢。尚未體驗過產品、確認是否適用就得掏錢，以鞋子來講，無法先確認合不合腳。如果不能先試再買，很難確定會不會喜歡拿到的東西。

這樣的不確定性，讓民眾不想要在網路上購物。他們不想負擔試用後退回商品的額外運費。

「如果我們能解決運費問題，」佛瑞德指出，「就能建立『把鞋店帶到你家』的形象。你想下單多少雙鞋都可以，穿穿看，不喜歡就寄回來。」

顧客果然做了佛瑞德設想的事（今日依舊如此），一次訂購兩三雙鞋，甚至是十雙，試穿看看，可以的留下，其餘的寄回。公司甚至直接要客服人員鼓勵顧客一次訂購兩種尺寸的鞋，總有一雙會合腳。

人們如果一次多下單幾雙鞋，Zappos 的成本是否會上升？那是當然。

但在一段時間後，每次下單的平均數量增加，除了多下單幾雙、接著又退回去的訂單，也有顧客是既然買都買了，就多留幾雙，就像在一般店面買鞋一樣。而人們會安心向 Zappos 多訂幾雙，就是因為可以無條件退貨。

除了 Zappos 的例子，免運費也是今日電商能成為巨擘的催化劑：想一想能免運的 Amazon Prime 會員制就知道，[10]成功不是來自降價，也不是來自設計聰明口號，而是移除通往改變的路障。

免運費讓消費者像在實體店面一樣體驗商品，不需要替試用的機會付費。不確定稅的問題被攻克，民眾的購物方式就此永遠改變。

思考「免費增值」與 Zappos 等類似的例子時，很容易以為共通點就是「免費」。錢，錢，錢，看來降低試用門檻的障礙和錢有關。要讓東西便宜一點，免費的話更好。

然而，錢不是唯一阻擋著改變的障礙，甚至也不是最大的問題。舉例來說，對許多顧客而言，可以省下一百八十元的運費，誘惑甚至大過商品本身降價三百元。[11] 因為真正的障礙不是錢，而是不確定性：我會喜歡這雙鞋嗎？寄來的東西會合腳嗎？

從金錢的角度來看，商品降價三百元省比較多，但不確定性沒消失。打折後的產品變便宜，不知道會不會喜歡那雙鞋、不確定是否合腳的疑慮仍在。

而且如果還得自掏腰包，才能解決那樣的不確定性，只會讓人們更不想行動。先按下暫停鍵，之後再說。

想像一下，假使買車前不能試駕，還不曉得操作起來感覺如何、坐在前座舒不舒服，就得奉上數萬美元，那好像還是繼續開目前的車就好，買新車的事再等等。

不論是汽車，或是蘋果商店新出的科技產品，試用能讓人在下決定之前，先感受用起來如何。試用不會讓車子最後決定下單時的價格變便宜，但可以在一開始就減少不確定性，不必煩惱買了會不會有問題。

這也是為什麼卡斯普睡眠床墊公司（Casper Sleep）與瓦比派克驗光眼鏡公司（Warby Parker）等「網路限定」的商家，也開始增設實體店面。卡斯普問世時為了節省成本，壓低售價，不走傳統的零售路線，只在網路上販售。

但有部分的潛在顧客依舊希望在訂購床墊前，能夠先坐坐看。卡斯普回應需求，打造巡迴全國各地的「午睡巴士」（napmobile）、開設快閃店，最後終於駐紮在固定位置，以方便民眾試躺。*

試播集讓電視台主管以低成本的方式，先觀察一齣影集的反應如何。租屋能讓有意購屋的民眾，以低成本的方式了解住在那一帶的感受。設備出租能讓想滑雪的人在購買全套裝備前，有機會先嘗試這項運動。試完後決定要買的話價格不變，但租賃讓人在購買之前能事先嘗試。[12]

航海衣製造商 Guy Cotton 甚至利用相同的概念，鼓勵民眾穿救生衣。

人人都知道坐船應該穿救生衣，但很多人仍然不穿。為了協助民眾了解救生衣的必要性，Guy Cotton 公司幫大家降低前期成本。他們無法發放樣本，免費寄救生衣到你家太貴，因此公司另闢蹊徑，打造出線上的溺水模擬遊戲「海上逃生」（Sortie en Mer）。

「海上逃生」以第一人稱視角拍攝，這個模擬遊戲先讓你看到風和日麗的帆船出遊日。你在水上享受美好時光，和朋友聊天——但沒穿救生衣。突然間，桅杆一歪，把你撞進海裡。朋友試著讓船掉頭過去救你，但船被增強的風勢吹遠，留下你在水中不斷掙扎。

你唯一能繼續待在水面上、不被淹死的方法，就是死命滾滑鼠。

滾滑鼠聽起來沒什麼，如果只滑個幾秒鐘甚至挺好玩的。可是滾一滾一下子就累了，因此人們會放棄，但一停下，就會看見自己在螢幕上緩緩沉入海底。

這個體驗令人起雞皮疙瘩，但這就是重點。你覺得滾一兩分鐘的滑鼠很難？想一想要在水裡掙扎幾小時是什麼情形。或許還是穿上救生衣比較好。

剛才的幾個例子，以及其他類似的事，全是靠降低前期成本而順利進行，[13]率先減少體驗某樣事物所需的時間、金錢或力氣。免運讓顧客不必負擔試穿成本。試駕與租用讓人有機會體驗後再買。溺水模擬遊戲讓民眾體認到少了救生衣要存活有多不容易。種種做法都是在降低不確定性，讓人們更可能採取行動。[14]

想一想你上次去超市買菜，買了哪種水果？哪種口味的冰淇淋？如果你和多數人一樣，你大概買了向來會買的東西。同一種蘋果、相同口味的冰淇淋。巧克力的、香草的，或是大膽一點，也許薄荷巧克力脆片好了。慣性再度發威。

再比較你上次去冰淇淋店。你可能不會點完全不同的新口味，但我猜你挑了比較

*另一種方法是「化大為小」。一次就要簽約一整年將嚇跑某些顧客，也因此健身房今日允許人們一次買一個月。大型跨國公司希望把市場擴展到印度鄉間，但當地的消費者大都負擔不起正規的產品價格，公司因此提供小分量的包裝。消費者不必買下一瓶就有七百毫升的海倫仙度絲洗髮精（Head & Shoulders），可以只掏五盧比（約七美分）購買十毫升。這樣的「小包裝革命」（sachet revolution）讓消費者得以試用各種產品。今日幾乎每一種快速消費品（使用壽命短、價格相對低的用品）都以這種方式供應。

不尋常、有冒險精神一點的，例如：開心果口味、奶油餅乾口味，甚至是牛奶巧克力榛果。

是因為人們外食的時候比較具備實驗精神？更勇敢、更願意改變、想要嚐鮮？其實不是。原因出在大部分的冰淇淋店都提供試吃機會。

你想讓人們改變，不再重複平日的行為、選擇或行動嗎？那就當個催化劑，降低嘗試的障礙。當一間冰淇淋店，不要當超市。

讓人們有機會認識你

如果目標是原本就有興趣試用的人，「免費增值」與降低前期成本都會奏效。可是，萬一世人甚至不知道你存在呢？或是他們知道你，但不認為自己會喜歡你提供的東西？

二〇〇七年時，本田旗下的 Acura 汽車碰上棘手問題。產品沒問題，車子本身很優秀。MDX 系列獲選《汽車趨勢》（*Motor Trend*）年度最佳休旅車。TSX 與 RSX

系列也數度名列《汽車與駕駛人》（*Car and Driver*）雜誌的十大好車。

問題出在消費者的觀感。Acura 製造出耐用的高品質汽車，但消費者就是不考慮這個品牌。Acura 進入美國市場的時間，比豐田的 Lexus 早好幾年，但數十年過去了，Lexus 的市占率依舊超前。當人們想到要買日本的豪華車款，腦中會浮現 Lexus，Acura 則根本不在考慮名單內。

Acura 認為只要能讓民眾試開他們家的車，就能反敗為勝。買過 Acura 的車主熱愛這個品牌，對引擎讚不絕口，換車時再度選擇 Acura。

然而這樣的車主不夠多。Acura 就像有一種餐廳，口味無可挑剔，客人卻小貓兩三隻，因為沒人發現那裡開著一間店。

Acura 原本就提供試駕服務，但還不夠。提供試駕會讓原本就感興趣的客戶願意試一試，但無法解決民眾不認識 Acura 的問題，也無法扭轉人們心中的印象。

哪些人會去試駕？只有原本就聽說過這個品牌、自認會喜歡的民眾。如果人們考慮買車時，腦中沒浮現 Acura 這個牌子，或是不認為那個牌子有什麼好，他們不會專門跑去賣 Acura 的地方試開。

企業碰上此類挑戰時，經常採取的標準做法是打廣告。

以別克（Buick）為例。別克自認是頂級品牌，問題是民眾不這麼看。大眾覺得別克是無聊的古董車，阿公阿嬤在開的那一種。因此別克做了許多大公司陷入窘境時做的事：在超級盃時段打廣告。

別克砸下數百萬美元，以傳統方式傳遞訊息，企圖扭轉消費者的看法。別克的廣告上，白髮蒼蒼的奶奶告訴大家：「這輛車真的看起來不像別克。」公司還禮聘籃球明星俠客．歐尼爾（Shaquille O’Neal）等名人，一一在廣告上誇獎別克有多棒。

這次宣傳徹底失敗，幾年後，別克乾脆完全不讓自家車子出現品牌名稱。公司判斷唯一能賣出別克車的方法，就是別提醒消費者他們買的是別克。

Acura 知道傳統的廣告方式解決不了問題。打廣告除了貴，也無法移除關鍵障礙；也就是讓大眾坐進 Acura，試一試有多好。

因此他們並未試著勸說民眾，而是直接把車子帶到人們面前。

Acura 與高等級的 W 飯店（W Hotel）合作，提供獨家的飯店接送，一起推出 W 飯店「隨時隨需」（W’s Whatever / Whenever）旗下的禮賓接待服務。只要入住 W 飯店，就能搭乘 Acura MDX 抵達城市任何角落。所有的賓客只需要預約，就能在市區內享有免費的司機接送。

你可能不喜歡 Acura。你可能嫌 Acura 無聊、價格過高，甚至根本沒聽說過這個牌子。然而，如果你入住 W 飯店，也需要搭車去某個地方，有免費的車為什麼不搭？在路途中，你會發現這個品牌比印象中好很多。

一百多萬人發現了這件事。

這些有過 Acura 體驗的人，日後都買了 Acura 嗎？當然沒這種事，不過有數萬人買了，而且八成左右是從其他奢華車品牌跳槽到 Acura。

你認為哪種做法的投資報酬率比較高？花數百萬美元試圖說服民眾別克真的比想像中好？還是借地方上的 W 飯店幾台車，讓房客有機會體驗 Acura 實際上有多優秀？

Acura 體驗給予人們認識的機會，成功改變了看法。畢竟人們如果不知道有某樣東西，或是不認為自己會喜歡，不太可能跑去嘗試。

Acura 可以在 W 飯店辦試駕活動，但解決不了問題。不認為自己會喜歡 Acura 的民眾，也不會願意試駕。

Acura的方法是讓房客「不試而試」，用較不一樣的方式提供體驗。潛在的顧客不必做任何事就能嘗試，因而成功讓更多人考慮這個品牌。

超市會用牙籤插著煙燻香腸，讓民眾免費試吃。除了替原本就愛吃香腸的人降低試吃門檻，也讓更多人考慮買買看。

超市的試吃場景換到飛機頭等艙，就變成提供裝著牙膏試用品的盥洗包。飯店浴室也會提供小包裝的刮鬍膏。這些樣品的作用是一樣的。即使顧客沒想過要換牙膏品牌，忘了從家裡帶牙膏的人會試用樣品，他們未來換牌子的機率提高了。[15]

老顧客也可能帶來寶貴的社交試用機會。

幾年前，我協助某大型公寓建商發展品牌。我們努力提升那家建商的知名度，刺激更多的潛在買主前來賞屋，這時一個簡單的辦法冒出來：何不鼓勵住戶多多邀請客人到家裡玩？

只要贈送派對用品或免費外燴，就能輕鬆地讓更多潛在的購屋者看見房子裡的模樣。雖然跟著房仲繞樣品屋一圈也能做得到，但誰會比屋主更清楚住在裡頭是什麼感覺？

奇異果盒子（Kiwi Crate）也推出過類似的方案。這間公司提供訂閱制的兒童教材，用盒子裝著教育性質的玩具。他們通常每月寄一個玩具給訂戶，但為了刺激業績成長，他們推出生日禮盒專案。家長幫孩子辦慶生會時可以訂購特製的禮盒，裡面有玩具與活動用品，可以讓所有參加派對的小朋友同歡。

生日禮盒除了能吸引孩子注意，也一口氣讓數十位派對客人發現有這樣一個品牌，還能把紀念品帶回家，想起當時玩得多開心。他們在未來更可能成為奇異果盒子的新訂戶。

後悔也沒關係

降低不確定性的最後一招是讓事情可逆。

幾年前，我猶豫著要不要養隻狗。從小到大家中一直有養狗，我喜歡生活裡有牠們，自認是愛狗人士。每次有機會逗別人的狗玩，我絕不會錯過，甚至偶爾到動物收容所當義工，只為了更常親近狗狗。

應該可以猜到，養狗這件事我已放在心上好一陣子。

但是每次我考慮養狗，就想到同樣的問題：**要怎麼決定挑哪種狗？我待在家的時間有長到能照顧狗嗎？萬一得出遠門，狗怎麼辦？**

養狗的障礙永遠太高，結論因此永遠是我還沒準備好。

不過就在某個週末，我和女友吃完晚餐，走向停車的地方，剛好經過費城的街尾動物救援所（Street Tails Animal Rescue）。那間地方動物收容所的櫥窗裡有一隻八週大的小狗，我和女友不急著回家，便進去看看。那是一隻可愛的混血比特犬，穿著小晚禮服在繞圈圈。我抱著她的時候，她開心地啃起我的手指，這隻狗太完美了。

在我想著要不要領養的時候，相同的問題又浮現了：**我會經常在家嗎？萬一她以後長得太大，住的地方沒辦法養怎麼辦？（以下省略一千字。）**我就是舉棋不定。

正當我放下小狗，準備離開，一名和善的義工叫住我。「你好像很喜歡那隻小狗。」她說。

「對啊。」我回答，「但我實在不確定能給她一個合適的家。」

「沒關係。」她說。「你可以考慮一下，我們提供兩星期的試養期。」

兩星期的試養期？

收容所希望想認養的民眾準備好了，再當寵物的爸爸媽媽，讓狗兒找到對的家庭。如果在前兩個星期為了任何理由，民眾感到家裡不適合養狗，可以把狗送回來。

突然間，認養寵物的障礙好像沒那麼可怕了。

我和女友填好書面資料，買下幾罐狗食和狗籠，牽著狗兒走出收容所。

幾年後，當時的女友成為我的妻子，狗狗柔伊也成為我們家不可或缺的一員。兩星期的試養期促成了這一切。

兩星期的試養期，沒讓養柔伊變便宜。我們依舊得花錢購買狗食、疫苗、籠子，以及小狗需要的一切物品。

此外，前期成本也沒減少。我們能帶柔伊回家前，一切該買的寵物用品還是得買。

不過，試養期的確減少了我的疑慮，因為養狗的**決定變得可逆**。我感到最糟的結果，也不過就是萬一柔伊在我家待得不開心，我們可以讓她回到原本的地方。這點讓我更能安心帶她回家。

退貨讓零售商傷透腦筋。消費者每年退回〇．二五兆美元的商品，其中能以原價再度出售的不到一半。除了造成存貨管理的問題，零售商還得想辦法讓可賣的退貨品再度上架，分類已經受損的商品，以交給各種特價商店與批發商。

也難怪許多零售商改採更嚴格的退貨政策。REI與L.L.Bean兩家戶外用品店把公司著名的終身保固，加上較為嚴格的限制。而多數公司提供消費者三十天的退貨期限，希望期限較短的退貨政策能減少成本、增加利潤。

直覺上，縮短期限是合理做法。東西賣出去愈久，就愈難再度賣出去。服飾會退流行，科技產品會過時。縮短退貨期理應能減少退貨數量。就算被退回，商品的賣相不會太差，比較容易轉售。

然而，研究指出縮短退貨期限或許是缺乏遠見的策略。兩位行銷研究員做了一個實驗，讓不同組別的消費者隨機適用於不同的退貨政策。[16]分到嚴格政策的那一組，唯有產品有瑕疵或送錯東西才能退還。寬鬆組則隨時可以無條件退回任何產品。

研究結果與直覺相反，限制較少的政策反而能增加利潤，而且不只是增加一點，是高達兩成，原因是寬鬆的政策增加的不只是退貨量，銷售量與口碑也會跟著成長，而增加的部分足以抵銷額外的退貨成本。如果應用在實驗裡那家公司的所有客群，寬鬆政策可讓年利潤增加超過千萬美元。[17]

如同減少前期成本的原理，減少後期的阻力也能刺激人們行動。道理就和免運與免費試用一樣，寬鬆的退貨政策能改變人們心意的原因，在於是否要嘗試新事物的猶豫程度會下降。當你知道隨時都能退貨後，風險降低，更能安心採取行動。

Zappos不只提供購物免運，還搭配免費退貨。如果拿到鞋子後不喜歡，頂多跟沒買是一樣的。

退款保證或論效果計酬的合約，原理差不多。「不喜歡嗎？還給我們吧。」有些律師的宣傳手法是如果訴訟沒贏，就不收費。就連機票都有二十四小時退票政策。各種做法都是在降低不確定性、減少慣性，鼓勵顧客改變心意，從NO變YES。[18]

利用慣性優勢

降低試用門檻，能從各種層面協助催化劑克服不確定性。其中有另一個層面也值得一提。

我們在〈敝帚自珍效應〉那章提過的馬克杯實驗，顯示物品在賣家眼裡，比在買家眼中珍貴。人們一旦擁有，就會產生感情，不願意放棄。

試用正好能利用敝帚自珍效應，讓人們的心態從「取得」變成「留住」。人們在試用產品前，他們考慮的是要不要買下：值不值得花這個成本、這些心力去取得。而在試用過產品後，人們面對的問題變了：這次不是考慮要不要付五美元看雜誌，而是要不要付五美元**繼續看**，避免放棄使用。有的人會不願意付市價取得某樣東西，但更多人願意付相同價格、只求不失去。

試用把東西交到人們手上，他們從潛在的馬克杯買主，變成潛在的馬克杯賣家。問題從原本的願意付多少錢取得，變成需要獲得多少補償才肯放棄。由於放棄的代價更高，多數人願意付錢留住。

提供更長的退貨期，實際上會讓人**更**不可能退貨。[19]換句話說，可以留著九十天再退，而不是三十天的話，人們退回商品的可能性反而降低，因為已經有感情了，他們感到自己是東西的主人，難以割捨。

鼓勵試用的活動，同樣能巧妙利用人們天生的慣性。在顧客訂購新鞋前，慣性會讓人覺得先穿舊鞋就好。除此之外，市面上的鞋款太多，很容易碰上選擇困難症，乾脆算了。

然而，如果因為免運或可以退貨的緣故，人們克服了那樣的慣性，真的訂購了一雙鞋，此時慣性造成的影響就轉向了。問題不再是花力氣取得新鞋是否值得，而是是否值得花力氣擺脫才剛買的鞋。

一旦新鞋到你手裡，要退貨的話還得自行包裝、列印退貨標籤、把商品寄回店家。而且你還得再度花力氣在琳琅滿目的選項中搜尋，找出這次要買哪雙鞋。鞋子還是鞋子，但換一雙要多費好多力氣。此時慣性再度獲勝，只不過這一次，慣性是讓你留下已經買到的鞋。＊

愈容易試用，買的機率愈高

「恐新症」（Neophobia）的意思是恐懼或厭惡任何新事物。用在動物身上時，是在形容避開不熟悉的物品或情境的傾向。孩子則通常有「食物恐新症」，也就是不肯吃沒見過的食物。

多數人的恐新症沒達到臨床上的定義，不過某種程度上都會恐懼新事物。相較於原本就在做的事，我們傾向不喜歡或低估新事物，不確定性從中作梗是原因之一。

鼓勵試用因此能有效地催化改變。至於實際上要採取哪一種策略，要看對象是誰，也要看他們的心路歷程中、或是決策過程中，哪個部分卡住了。

如果人們感興趣但不確定，從前期著手通常會有用，例如 Dropbox 的例子是不收費，先提供免費版本，鼓勵人們升級到需付費的增值版本。Zappos 和車商則透過免運與試駕等方式降低前期成本。

你也可以像街尾動物救援所一樣，讓事情可逆。利用免費退貨與試用期，讓人們放心迎向改變，知道即便碰上最糟的情況，依舊有挽回的餘地。

然而，如果人們根本不知道某樣東西存在，或是不認為適合自己，此時可以協助他們發現。Acura和奇異果盒子的例子，就是直接把東西帶到人們面前，利用社交連結鼓勵試用。

這些方法都能讓人不再躊躇不前，願意採取行動，皆因你讓他們先體驗了原本不

---

*試用還會讓決策悄悄從「比較」變成「單一的評估」。當人們考慮要買哪一個產品、使用哪一種服務時，他們通常處於比較的心態。商品那麼多，哪一種比較好？他們會比較各種選項，思考每一種選項的相對優缺點，最後挑選勝出的那一個。人們會盡量挑最優秀的，或是尋求市面上最好的商品。但他們一旦試用過某樣東西，比較的過程通常會被擱置。此時他們不再積極尋找最好的，而是專注於單一選項，看它是否夠好。只測試這一個選項是否過關就夠了。

此外，他們在考慮那個單一選項時，通常不再尋找其他可能的選項。舉例來說，一旦已經下訂要試穿的鞋，人們通常不會繼續搜尋其他網站，而是等著看已經訂的鞋能不能穿。他們不會騎驢找馬，只把注意力擺在眼前的東西，最後「就這個吧」的機率將大幅提升。

你可以想一想「單身」vs.「只和同一個人約會」的例子。你單身時會積極尋找最理想的另一半，和不同人約會，比較一番，思考每個約會對象的相對優點。你想找符合心目中多項優秀特質的人，而找的時間愈長，那張單子通常也愈來愈長。你考慮的事愈變愈多，不太可能有人同時符合所有的條件，你也就更不可能定下來。然而，當你只和一個人交往，此時你考慮的問題、做的決定會不一樣。你不會隨時都在尋找其他選項，想著搞不好還有更好的人選，而會專注在眼前的人。只要那個人還過得去，你會繼續約會下去。

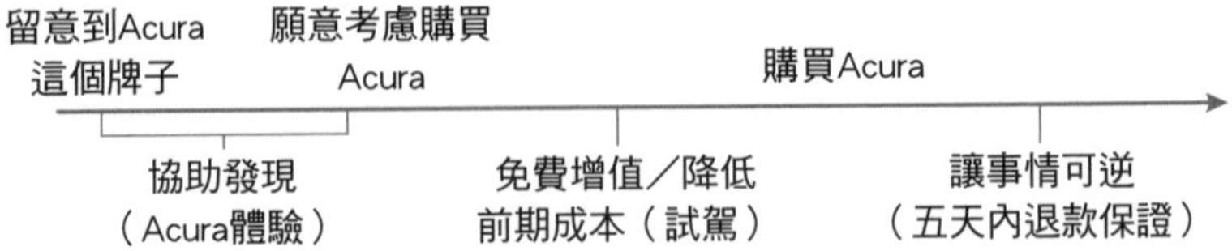

願意嘗試的事。

許多例子都致力於讓人們更改購買的產品、使用的服務，但同樣的原則也能應用在改變想法或生活方式。

以吃素為例，不再吃肉是很大的轉變。如果你愛吃培根或鮮嫩的牛排，一下子斷絕肉類尤其困難。

然而，如果參加「週一無肉日」（Meatless Monday）這種活動，就能以低成本的方式體驗看看。與其發誓完全戒除肉類，不如一星期挑一天不吃肉就好，試一下是什麼感覺。你或許會發現沒有想像中困難。

你是否正在努力向顧客或客戶推銷，希望他們購買新產品、新服務？怎麼做可以方便他們試用？如何讓他們不必一開始就付出全部的金錢、時間與精力，就能先感受一下你提供的東西，事先一窺結果或好處？

先從小的分量開始，讓人們稍微體驗一下。如果喜歡，他們還會回頭要更多。

範例研究

如何改變上司的心意

如何能讓不確定性停止發威？我們可以先從一個就連最精彩的新點子也常常窒礙難行的地點看起，那個地方叫辦公室。

雅札克．諾萬克（Jacek Nowak）在散會時想著，新計畫看來要無疾而終了。同事剛才講的話不斷在耳邊重播。「搞這個到底有什麼意義？」一名同事抱怨，「根本是在浪費時間。」另一名同事也大聲附和。即使大家盡了一切努力執行計畫，也不代表客戶就會買帳。花那麼多力氣，客戶也不一定會感受到他們的心意。反正目前一切還過得去，為什麼要改變？

雅札克在銀行業待了十多年，起先是客服人員、在分行支援行政流程，一路爬到今天的位置。他平日舉辦工作坊，統整訓練計畫，協助打造招募人才的流程，最後不再親自訓練新人，負責管理訓練團隊。雅札克是桑坦德銀行（Santander Bank）的分行經理，好幾個分行的客服都歸他管。他主掌員工的訓練發展，協助同仁提供客戶最佳體驗。

然而，近日的祕密客研究顯示，雅札克的銀行表現得不甚理想。客戶滿意他們，甚至認為還不錯，但就是少了點什麼。多數員工都是老鳥，對自家的產品與流程瞭若指掌。但在年復一年重複相同的工作後，他們做事變得機械化，雖然遵守工作手冊的指示對客戶微笑，卻是職業性的笑容，不帶一絲暖意。客戶上門時，行員會按規定起身迎接，但只站起來一秒鐘，缺乏誠意。

同仁認真照章行事，甚至比公司要求的更多，然而再仔細看，就會發現令人擔憂的模式。不論是大額貸款、保險或長天期的借貸，關鍵的績效指標全都不如預期。太多客戶結束帳戶，投向對手的懷抱。整體而言，客戶還算滿意這間銀行，但他們對人員的信任程度不足以談及真正的需求。

雅札克知道自家銀行需要改變。他希望改善客服體驗，深化關係，鼓勵客戶把行員視為顧問或協助者，而不是產品推銷員。

他研究不同產業的最佳做法，發現改善顧客體驗通常與某種驚喜有關。收到出乎意料的小禮物或暖心的舉動，將令人備感尊榮，例如高級飯店會在客人抵達的瞬間就上前迎接，喊出貴客的名字，房間裡也已經備妥房客愛喝的飲料。

雅札克認為提供類似的服務，將對自家銀行有所助益，像是送客戶生日卡片、迎接時說出客戶的名字、慶祝重要的人生里程碑等等。此類客服計畫可以強化客戶的情感連結，也能提振員工士氣。

可是當雅札克向上司及其他資深管理階層提出這個點子時，大都碰了釘子。銀行是一個極度保守的產業，員工身穿正裝，一本正經坐在大木桌後方，和二十年前的景象相差不了多少。利率和支票帳戶獲得的關注，高過顧客體驗或員工參與度。

送手寫的生日卡片給客戶？高層對此表示懷疑，這種事怎麼可能有用。分行員工習慣以固定方式與客戶互動，沒興趣改變。資深管理階層也認為目前的營運狀況已經夠好，看不出改革的必要性，所有的變動都被視為威脅。

雅札克起初試著提供更多資訊，分享探討顧客感受與偏好的研究。他提出數據，證明人們在做決定時，價格不是第一考量。雅札克甚至從外面請來顧客體驗顧問，向銀行同仁介紹最新的工具與做法。

但是，眾人依舊反對。雅札克的上司表示，銀行這個產業與眾不同。提供快速有效的服務，才是客戶真正關心的事，而不是什麼培養關係。在商言商，雅札克說的這套東西，或許在某些產業有用，但銀行業不可能可行。我們銀行不走那種風格。

人們經常從上司那兒聽到類似的話：不用了。以後再說。別家公司可以搞這個，我們不行。

那種感覺就好像當上司的人，全都被設定了「先拒絕再說」的程式。主管不但忙碌，而且通常早已明確設定好下一步該怎麼走，他們沒興趣偏離路線。要升遷就得循規蹈矩。任何偏離正軌的事都被視為不必要的風險。

雅札克需要想出一套方法來改變人們的看法，先成功說服管理階層與員工，新計畫才可能產生真正的效果。他需要減少眾人對新提案的疑慮，換句話說，降低他們心中的不確定性。

然而，雅札克愈努力勸說，阻力就愈大。同仁反對新計畫的立場反而更加明確。

雅札克垂頭喪氣，最後只好放手一搏。和這個小型團隊一起工作，使得他相當了解每一位分行人員與他們的生活，包括上司與其他的資深管理團隊成員。除了生日與結婚紀念日，雅札克還知道每位同事夢想去哪裡度假、是哪一年進公司。他不僅知道輕鬆愉快的事，例如每個人愛吃什麼，也曉得比較沉重的事，像是家人生病，或是他們遇上的其他困難。

於是雅札克利用這些資訊創造獨特體驗，帶給每位同仁驚喜和感動，例如分行經理生日時，他舉辦了一場城市中的尋寶遊戲。在各大景點與尋寶站，具備巧思的活動等著大家。有兩名同仁將踏上高難度的登山之旅，因此獲贈保暖帽。某位資深主管收到手寫的信，慶祝她在這個大家庭服務滿十年了：「你已經和我們一起共度三千六百五十天，至少給了大家五百二十五萬六千次真心的微笑。要是少了你的笑容，我們工作的快樂程度會少掉一大半。謝謝你。」

其他同仁也收到特別的禮物，如科技產品或是加油打氣的溫暖問候。每一次都是替個人專門量身打造，且令人感動。

一位員工的兒子出車禍，雅札克的團隊成立臉書群組，募集醫療費用。幾小時內就有數千人加入，很快募到所需的數目。

收到大電視當禮物，任誰都會開心。那樣的送禮方式誰都做得到，但最大的感動卻是收到特地為你這個人而寫的寥寥數語。

收到溫馨禮物的同仁激動到說不出話。他們全都嚇了一跳，很多人被深深觸動，想不到會有人願意為了他們花這個時間。

幾星期後，雅札克在開例行資深主管會議時，問大家一句話：「收到那些特別為你們設計的溫暖關懷時，你們心中有什麼感受？」

答案很明顯。暖心的舉動深深打動了每一個人。

雅札克的團隊此時終於可以談情感交流的重要性，介紹新方案，討論客戶體驗的價值，不必再擔心有人抗議說行不通，因為在場的每一個人都已經親身體驗過了。

幾年後，雅札克的提案仍在運轉。行員除了替客戶的生日與婚禮送上祝福，還拿出同理心和他們互動，致力找出每位客戶獨特的個人需求，等不及要以特別的方式協助他們解決。

一切進展得很順利，銀行董事會成立全新的客服體驗管理團隊，指定由雅札克來帶領。

不過，更重要的是雅札克讓計畫起死回生。他不但讓上司轉而贊同原先反對的事，甚至全心全意支持。

雅札克的做法不是試圖說服資深管理階層，客戶體驗究竟有多重要又多重要，而是讓他們放下疑慮。不是硬塞更多的事實與數據，而是當個催化劑，讓管理階層親身體會。雅札克減少試用的障礙，協助管理階層嘗試他建議的事。

藉由種種努力，雅札克達成通常看似不可能的事：他改變了上司的心意。

目前為止，我們已經討論過如何減少抗拒心理、避免敝帚自珍效應、縮短距離與去除不確定性。接下來，我們要檢視催化劑經常碰到的最後一道阻礙：證據不足。

第五章 佐證

The Catalyst:
How to Change Anyone's Mind

菲爾從小到大都沒想過，他有一天將創辦藥物與酒精輔導所，更想不到自己曾經脫離不了海洛因。

菲爾看上去是天之驕子，取得金融學位後，在美國中西部名列財星五百大企業的電信公司上班。他表現得還不錯，後來跳槽到五大會計事務所，完全是模範員工該有的樣子。

然而，菲爾是標準的貌似正常、私下卻有藥癮的成癮者。十九歲時，朋友給了他兩片鴉片類的止痛藥維柯丁（Vicodin），吃下去感覺還不錯，他於是愈吞愈多，向朋友多要了一點，還偽造處方箋，甚至搜刮別人的藥櫃，四處找藥吃。

菲爾心想只要自己喊停，就能停。他和自己說好，如果能進大學的商科就不再吃藥。菲爾順利進入大學後果然不再吃任何藥，他說戒就戒，向自己證明這真的是小事一樁。他沒失控。

一切都很順利，直到幾年後，有人送菲爾幾顆藥當畢業禮物，而他決定吃下去。

起初，菲爾只是偶爾吞個幾顆，但這個習慣很快就惡化到危險的程度。他每天都嗑藥，但盡其所能掩蓋。他再度開始偽造處方箋，卻告訴每一個人他沒事。

菲爾的家人知情，但沒把他視為毒蟲。在他們的想像中，毒蟲是那種為了買毒品偷錢的無業遊民。既然菲爾還在工作，最終會沒事。只要找到好女孩照顧菲爾，他就不會再吞藥。

然而菲爾卻因為偽造處方箋被捕，那在美國是重罪，他丟掉工作，搬回家裡。接著還進階到吸食海洛因。

碰了海洛因後，菲爾的人生急轉直下，被捕的次數愈來愈多，在監獄蹲了九十天。此外，他開始為了維持吸毒的習慣偷竊，摸走親友的現金，或是偷東西到地方上的當鋪換錢。

家人試著改變菲爾。父親大吼大叫，母親垂淚到天明，他們不斷哀求，也威脅過要把他趕出家裡。家人一次次把菲爾送到附近的戒毒治療計畫，加入過各種州政府補助的計畫，整整試過十九種，沒有一次成功。

菲爾永遠有辦法說服家人接他回家，讓家人相信這次真的不同。他甚至簽下契約，好讓父母相信他這次會洗心革面。但一切的一切，只讓菲爾更擅長說謊。

菲爾的家人想盡一切辦法，甚至想任他跌入谷底，看情況會不會好轉。但什麼方法都試遍了，菲爾就是不肯收手，依舊認為一切盡在自己的掌握之中。

小石子與大石塊

物質濫用輔導員是如何讓成癮者改變？我們需要先從毒品與酒精以外的領域講起，了解行為科學家如何區分「弱態度」（weak attitude）與「強態度」（strong attitude）。

你有多喜歡「juvalamu」這個字？那「chakaka」呢？

或許你比較喜歡「juvalamu」（多數人的選擇），也可能是「chakaka」勝出，但更重要的是，對你來說這兩個字大概無關痛癢。

人們如何看待這種無意義的字詞屬於「弱態度」。相關的偏好或意見不被看重、不曾細想，或是隨便就能改變看法。

如果我告訴你，「Juvalamu」是某個曾謀殺政敵的獨裁者的名字，你大概會對這個字再也沒好感。光是這個單一的資訊，就足以改變你的想法。

那你覺得松樹怎麼樣？質數呢？襯線體（serif）與無襯線體（sans serif）呢？對多數人來講，這些也屬於弱態度的例子。你對這些事物有自己的看法，但對你來說不是很重要，這樣也可以，那樣也可以。

至於另一種態度則包括你對不同政黨的感受，以及你如何看待自己最喜歡的運動隊伍、你最愛喝的啤酒品牌，或是墮胎。

這些就是「強態度」的例子，也就是人們高度投入的議題、主題或偏好。你深入思考這些事，或擁有強烈的道德判斷。你認為相關議題不是每個人意見不同那麼簡單，而是有是非對錯。

相較之下，「強態度」自然難以改變。

想像一下，假設有一篇報導指出你最喜歡的名人講出種族歧視的話。你的第一反應是什麼？你大概會不相信或否認。某某人不可能是種族歧視者。

不同於聽到 Juvalamu 是獨裁者，我們的「反勸說雷達」會搶著捍衛我們最強烈的信念。我們不會放棄和更改想法，而會排斥違反既有觀點的資訊，我們認真挑出漏洞，不修改自身的觀點。

道理如同嚴重的頭痛需要藥效更強的藥物，某些議題、產品與行為，將需要下更猛的藥，人們才可能改變，有必要提出更多的證明或證據。

如果好友推薦你看某個新網站，光是朋友提了，你大概就會點進去看。你信任朋友的意見，況且看一眼也不需要費多大的力氣，朋友的推薦輕鬆就促成行動。

然而，如果朋友幫家裡加裝太陽能板、加入抗議收入不平等的運動、接受具有危險性的療程，或是開始在網路上訂購一切雜貨，光是有朋友這麼做，就足以讓你也做一樣的事嗎？

大概還不夠。

類似的情況，像是某個組織正在斟酌某項員工訓練計畫，或某位領導者猶豫要不要採取新型管理策略，聽見別家組織也在做同樣的事，想加入的欲望有可能增強，但大概還是不會立刻行動。

強態度的改變門檻高出許多，什麼都得再多一些：再多來一點資訊，更具體一點，更加可以確認。人們跳下去做之前，需要更多證據。

這樣說起來，試著改變人們的心意，有點像是努力抬起翹翹板的另一頭。你需要放上多少重量、多少證據，要看你試著舉起的東西有多重。如果你試著抬起一顆小石子，那不必放太多。在翹翹板的一頭擺上一點證據，小石子就會移動，出現改變。

反之，如果你試著移動一塊大石塊，要費的力氣就多很多。必須提出更多證據，人們才可能改變。

那我呢？

當我們碰上大石塊，最常見的反應就是卯足全力，使勁說服別人照這樣做一定沒錯。古有明訓，一次不成，那就再接再厲。

另一半不想挑比較貴的假期行程？那就換一種方式吸引他們。客戶還在猶豫要不要下訂單？一星期後再打一次電話。

後續的跟進確實會有用，偶爾會。

廣告研究發現反覆曝光會刺激行動。[1]用戶第一次可能沒留意到，但看到第二遍廣告、第三遍廣告，甚至是第四遍，他們將有更多機會蒐集資訊，考慮某個議題或提案的不同面向。

然而，任何曾在一則電視廣告第無數次出現時起身離開的人，都可以作證曝光率太高會造成反效果。一遍又一遍聽見相同的廣告詞很無聊，很惹人厭。觀眾已經知道接下來會聽見什麼，乾脆靜音或直接關掉。

企圖說服受眾的人，常試著靠增加變化解決問題。第一支廣告先介紹產品的 A 功能，再用另一支廣告介紹 B 功能。推銷員第一次拜訪時，先介紹一項產品優點，下次再介紹另一項。

很遺憾，這麼做通常效果不彰。銷售人員自認是在讓消費者「更加清楚認識產品」或「提供更超值的優惠」，但聽眾只感到換湯不換藥。又想說服我，不必了。如果沒第一次就推銷成功，人們只會更不想聽下去。

不過，還有一件事會讓「再接再厲」做白工，原因出在難以察覺的「轉換問題」。

想像一下，星期一早上進辦公室時，有同事說他週末看了一齣很棒的劇，對話精彩，情節引人入勝，演技一流。他愛死那部劇，你一定也會喜歡。

這位興奮推銷的同事，等於是在翹翹板的一端加上重量。至於這種分量的「證據」是否足以讓你也去看那部劇，要看你的改變門檻有多高，或是你有多愛看電視劇。假如你的偏好比較像小石子，那麼一點點的證據，就足以改變事情，但萬一你的偏好比較像大石塊，你會將同事的推薦納入考量，但不會真的跟著追劇，暫且文風不動。

到了星期四，同事看完另一集，依舊很興奮。「第二集也好看！」他大呼，「好想知道接下來會發生什麼事！」

同事依舊喜歡那部劇這點，可以說明一些事，畢竟第二集有可能品質下降。製作人通常會拿第一集向電視聯播網兜售節目，也因此第一集通常最精彩。換句話說，試播集很棒，不代表其他集都會一樣好，同事卻依然喜歡下一集，絕對會引發好奇心。

不過話雖如此，得知同事喜歡第二集，你獲得的額外資訊其實不是太多。你原本就知道同事喜愛那部劇，他喜歡第二集也不意外。第二集獲得讚賞，所增加的證據並沒有很多。如果同事愛看第一集沒讓你跟風，第二集的好評大概也不足以讓你採取行動。

原因出在有人推薦或掛保證時，永遠會有轉換問題：你不知道那是什麼意思。同事說某部劇很好看，有可能代表片子本身真的超讚，但也可能同事愛的劇可多了。又或許只要是情境喜劇，或只要女主角戲分精彩，你的同事全都愛。

人們聽見推薦時會試圖判斷，找出那句話是什麼意思。我得知哪些資訊？那些資訊能說明被推薦的**事物本身**，還是只說明了**推薦人**自己的事？

而且，即使推薦人平日不輕易推薦節目，還有另一個問題：好，**他們**顯然喜歡那部劇，但那代表**我**就會喜歡嗎？

推薦究竟能帶來什麼影響，不只要看推薦人的可信度，還有契合度的問題。推薦人或許擁有某個領域的豐富專業知識，但每個人喜歡的東西不同。有的人愛看情境喜劇，有的人討厭。有的人沉醉於浪漫喜劇，有的人一秒鐘都看不下去。

每當人們被推薦，或是看見別人做某件事、喜歡某件東西，他們會試圖判讀——試著轉換——那句推薦對自己來說是什麼意思。那個人的看法有意義的程度是多少？

我自己可能的反應是什麼？

如果推薦某部戲好看的同事是「第二個你」，那就沒問題。不只是同卵雙胞胎，而是**另一個你**，你們的偏好、好惡完全一樣。你們的需求、你們在乎的事、你們的價值觀，都毫無二致。

另一個你喜歡這部劇？你八成也會喜歡。**另一個你**在家裡裝設太陽能板，覺得這個選擇很正確？你如果跟著裝，大概也會覺得很不錯。由於**另一個你**喜歡那部劇，覺得裝太陽能板花的錢很值得，你百分之百也會有相同的感受。

然而，如果世上沒有這種完美的分身，人們只能自行推論。別人喜歡某樣東西，可以套用在我身上的程度是多少？某樣東西在別人的組織很成功，如果換成給我或我的組織用，成功的機率又是多少？

不是每件事都會有轉換問題。如果有人告訴你球賽最後比分是多少、選舉最後是誰贏了，此時不需要轉換。如果是分享這一類的資訊，此時資訊提供者是誰、他們是什麼樣的人無關緊要。分數就是分數，最後是幾比幾，就是幾比幾。選舉是誰當選，就是誰當選，這些是屬於公正客觀的事實。

但是，和扭轉看法有關時，就會出現轉換問題，因為不是每個人都喜歡或相信同樣的事。適合某個人或某個組織的東西，換了別人就不一定了。那是主觀議題，不是客觀議題。

好吧，那我們要如何解決轉換問題？

對抗物質濫用

二〇〇五年美國陣亡將士紀念日的那個早上，菲爾醒了，懶洋洋地下床，出門去吸食海洛英。

他在中午左右回到家，帶著一種嗑完藥的煥發神采。父親、母親與全部的家人都坐在客廳，兄弟姐妹齊聚一堂，甚至來了幾位鄰居。在場的全是菲爾最親的人，一共有十二個人。

不過在親友團旁邊，有兩個菲爾不認識的人，一位是介入治療輔導員。一股背叛感油然而生。菲爾甚至想奪門而出。

然而，家人開始對著菲爾朗讀。他們寫下信，告訴菲爾自己有多麼愛他、多麼關心他，但他的行為傷害到每一個人。

他們讀出信上寫的事，菲爾忍不住聽下去。每一封信都是肺腑之言，令人情緒激動。家人說出他們多愛菲爾，他們有多傷心。他們好想他，希望他回來。

家人是菲爾的一切。菲爾看得出來這個家因為他四分五裂。母親與父親為了他的事吵到不可開交。他在家時，弟弟不肯回家。

家人告訴菲爾，如果你想當毒蟲或酗酒，我們阻止不了你，但如果你要做那種事，不要在家裡。我們再也無法忍受。

菲爾塊頭大，父母擔心他會出手把人打到送醫。母親表示菲爾絕不可能再進戒毒中心，他是你見過性格最倔強的人。菲爾的母親寵孩子，介入治療師一個月內，從她那邊聽到的藉口，比五十個成癮者本人說的都還多。

菲爾沒必要接受治療。雖然他一直在吸毒、偷東西、做出各種成癮帶來的可怕事情，菲爾就是不需要去戒毒中心。

可是，看到所有的親友一起坐在客廳產生了影響。菲爾聽見親友異口同聲的感受，這點帶來了改變。他無法假裝這件事沒發生過。他理解到自己的行為如何深深影響著身旁的人，明白自己傷了家人的心。他知道自己成癮了。

母親試著改變過菲爾幾百次，但這次不一樣。這次菲爾的心防被突破，願意接受協助。

介入治療師通常是最後一道防線，只有最棘手的案子才交給他們。成癮者接觸到介入治療師的時候，已經是無計可施。如果輕鬆就能說服某個成癮者改變，其他人早已成功讓他戒除，介入治療師不會登場。換句話說，如果一個成癮者會見到介入治療師，代表其他試圖勸說的人都失敗了，不論怎麼拜託，哀求，大呼小叫，放狠話，全都徒勞無功。

介入治療師不是萬靈丹。要讓成癮者改變的話，身邊的整個生態系統都得轉變。親友有可能在無意間助長問題，因此改變若要能持久，整個系統也得隨之變化。[2]

不過，只要環境對了，介入治療師可以成為強大的助力，協助人們踏出康復的第一步。因為介入治療師能解決轉換問題，解決一個特殊的意見分歧：成癮者不認為自己有問題。

近半數的美國人，都有親近的友人或親戚沉溺於藥物，而且當事人大多不肯承認，不認為有必要做出改變。

一部分的問題，出在酒精或藥物的成癮者根本不記得。如果有人告訴他：「戴夫，你不對勁。昨晚你對著我大吼大叫，開車去撞路燈。」戴夫可能會回答，他不知道有這麼一回事。戴夫會這麼說，不是因為撒謊成性，而是因為喝到「斷片」，不記得自己做過什麼。

然而，還不只那樣。

即使戴夫記得發生了什麼事，他可能還是不相信自己有問題。介入療法的先驅維儂．E．強森博士（Dr. Vernon E. Johnson）指出：「合理化與投射一起作用，讓化學藥物的依賴者無法意識到自己生病。酒精或藥物成癮者與現實脫節，最終無力發現問題。」[3]

換句話說，多數成癮者不認為自己出問題，否則他們早就做點什麼了。而當成癮者自認沒問題，有人指出來，他們就會信嗎？

不把別人的看法當一回事很簡單，把他們當瘋子就可以了。好，你認為我有酗酒的毛病，但只有你這麼說，那只是「你覺得」。一個是你講的話，一個是我本人，我該相信誰？這還用問，當然是信我自己。

不過異口同聲的意見較難否認。如果好幾個人在同一時間說出相同的話，比較難斥為無稽之談。

眾人指證歷歷的分量，足以帶來一線曙光。如果親友圍坐在一起，告訴你事情不對勁，你比較難認定是所有人都帶有偏見，每一個人都被誤導了。成癮者依舊可能不認同親友說的話，但大家都這麼說，不得不至少考慮一下可能性。

並且，成癮者還會因此更難拒絕治療。[4]

眾人的力量從藥物濫用、飲食失調，再到賭博成癮與酗酒，介入療法協助人們面對自己出問題的事實，無法再矢口否認，開始認真思考自身的行為有可能產生不良的後果。

除了協助戒除物質濫用，「眾口一詞」在別的領域也威力無窮，例如：眼見好幾家同行都採取新做法後，企業董事會才跟進。醫生等到好幾位同行也開同一種藥，才開始使用新藥品。公司等到其他商號率先試用過，才引進供應鏈技術與管理策略。[5]

當好幾個源頭都提到或是實行一樣的事，此時轉換問題就得以解決。如果只有單一源頭推薦或執行某件事，你比較難套用在自己身上。此時無法確認那個意見能否協助自己判斷，不曉得對方的反應會不會就是你的反應。

然而，如果數個源頭講的話、做的事都一樣，就比較難當成耳邊風。這下子出現佐證，鐵證如山。數個源頭意見一致，大家的觀點、回應或偏好是一樣的。而當大家都一樣，你會有相同感受的機率大增。

有另一位醫生也指定新療法？或許只是藥廠的銷售代表來過，或許那些醫生恰巧碰上同一種類型的患者。但是當好多醫療同仁都開了相同的處方箋？大概值得深入研究一下。

假如很多人同時做一樣的事，就比較難嗤之以鼻、主張所有人都錯了，比較難主張他們建議或推薦的東西一無是處。

同時，多個源頭將提升可信度與正當性，可以預期他人會認可，減少尷尬或遭受抵制的風險。

光是有一個人這樣，有可能是這個人品味特殊，但有兩個人？五個人？十個人？愈多人異口同聲，佐證就愈多，證明不是說話者的獨特愛好，而是他們做的那件事、推薦的東西，品質真的不賴，你也會喜歡的機率升高。[6]

英文有一句類似三人成虎的古諺：「如果一個人說你有尾巴，你會大笑，覺得碰上瘋子。但如果有三個人這麼說，你會轉頭看看自己的屁股。」

當更多人都這樣做、這樣講，可以提供更多證據。不過，證據的源頭是誰、他們分享觀點的時機為何，同樣也扮演著重要的角色。

尋找佐證時，尤其需要考慮WHO、WHEN、HOW：（一）、WHO：這件事還要找誰（或哪些證據提供者的影響力最大）；（二）、WHEN：一段期間內提出佐證的時機為何；（三）、HOW：試著大規模改變民眾的看法時，如何分配稀缺資源才是最佳的方式。

哪些證據提供者的影響力最大？

佐證會帶來社會增強（social reinforcement），因而有利於改變看法。但誰說的話最有分量？所有證據源頭的影響力都一樣大，還是某些特定源頭能提供更多證明？

二〇〇一年底，澳洲墨爾本拉籌伯大學（La Trobe University）的學生，受邀參與一個探討人們如何回應音效的研究。[7]學生被請到實驗室，抵達後坐在桌前，戴上耳機。實驗人員告訴他們，他們將聽見一連串的錄音，請他們評分。

實驗人員想知道是什麼因素使人發笑，尤其是社會影響（social influence）如何左右著人們會不會笑。

實驗人員請受試者聆聽的內容，聽起來像單口喜劇的現場錄音，其中某些受試者聽見的帶子加上了罐頭笑聲。聽眾是否會覺得表演內容有趣，似乎是完全主觀的一件事，但聽見預錄的歡笑聲，更容易笑出來。（《歡樂單身派對》（*Seinfeld*）與《六人行》（*Friends*）等老牌情境喜劇，也的確時常使用所謂的「笑聲音軌」（laugh track），同時讓現場觀眾與在家觀看的民眾，加入「笑」果不斷的行列。」

笑聲音軌果然發威。科學家躲在雙向鏡後方觀察受試者，受試者如果聽見別人在笑，喜劇演員逗笑他們的機率提高。

然而，科學家除了播放笑聲，還操縱聽眾**以為是誰**在笑。

一組學生被告知，笑聲來自和他們相似的人，大家都是拉籌伯大學的學生。

另一組則被告知，發出笑聲的人和他們不同族群：那些在笑的人支持你討厭的政黨。

即使兩組人聽見的笑聲一模一樣，聽眾認為是誰發出的笑聲，影響了他們的反應。如果他們以為發出笑聲的人「非我族類」，笑聲就不會產生影響；受試者的行為不變，笑的程度和完全不播放笑聲音軌時一樣。

然而，如果以為笑聲來自相同世界的人，行為會改變，笑的時間接近四倍。

許許多多的研究都發現「相似度」的重要性。[8]和我一樣的人覺得這個笑話好笑？我大概也會感到好笑。然而，如果是和我不一樣的人覺得好笑，這個資訊無法讓我得知自己可能出現什麼反應。提供證據的人和我愈像，他們的經驗、偏好與看法，就愈適合當成下判斷的資訊來源。

在 TripAdvisor 旅遊平台上找飯店？你不僅想知道某間旅館的評分高不高，還想知道情況**和你一樣**的人，是否讚賞這個住宿地點。如果你帶著兩個孩子全家出遊，你大概想入住其他家庭也推薦的飯店。二十二歲的潮男喜歡那裡？這條意見大概對你沒太大用處。

事實上，如果時髦的二十二歲年輕人喜歡那間旅館，你甚至可能想避開那個選項。假如你是二十二歲的潮男潮女，你大概也不想入住家庭最愛的旅館。

換句話說，情況比較不需要轉譯時，就比較沒有轉換問題。世上找不到**另一個你**的時候，次好的資料來源是和你相像的人，他們碰上的議題或挑戰和你一樣，有著相同的需求。或例如和你同等級的其他企業，你們兩間公司愈像，對方能提供的佐證就愈多，影響也較大。

如果你和艾希頓一樣，是個正在和酗酒問題搏鬥的社會新鮮人，你很容易認為自己不是酒鬼，因為在你心中，「酒鬼」的形象和你本人完全不同。「酒鬼」是因為喝酒失去一切的窮鬼，無家可歸，工作都做不了多久，沒有任何朋友。

而你的生活也與酒鬼沾不上邊。你有愛你的家人，很多好朋友，前途無量，一點都不像你想像中的「酒鬼」人生——即使你最近酒駕被逮到，定期喝到失去意識，沒酒喝就焦躁不安，但誰不會呢？

也因此你認為，參加戒酒無名會（Alcoholics Anonymous）等戒酒團體，將是浪費時間，他們治療的對象不是你這樣的人。你想像會去那種地方的傢伙，跟你八竿子打不著。

如果你還是去了戒酒聚會，那只不過是為了讓嘮叨的父母安心，你的第一印象是你想的果然沒錯。這邊這個傢伙看起來像遊民，那邊那個人手在抖。**我跟這些人完全不像**，你心想，**我沒有他們那種問題**。

可是等一下：那個人是醫生？醫生在這裡幹什麼？那傢伙是法官？怎麼可能！你發現眼前這些人是「成功人士」，學歷高，薪水也高。他們擁有你想要的成就，他們和你是同一個世界的人。

當你發現和你一樣的人、或是你想成為的那種人，居然有酗酒問題，就很難不去聽他們的經驗，很難不出現改變的動力。

不過，除了相似度，還有一個因素也造成影響。

荷蘭的研究人員近日在探討社會連結如何影響政治捐獻。[9]從政離不開捐款。候選人需要錢打廣告、付員工薪水，就連來往各地也需要交通費。然而，募款不容易。民眾本身很忙，而且不太願意支持最後有可能輸的候選人。要怎麼做，才能鼓勵更多人掏錢？

荷蘭的研究人員調查五萬多名潛在捐款者，研究他們的社會連結如果有已捐錢的人，將在多少程度上影響他們本人捐款的可能性。也就是說，如果親友或同事捐錢給總統候選人，當事人跟著捐的可能性是否提高。

研究結果不令人意外，社會影響的確左右著人們會不會捐錢。如果認識捐過錢的人，本人就更可能捐。

除此之外，如同佐證的重要性，社會連結的數量會產生影響。人們認識的捐款人愈多，自己就愈可能捐。相較於只認識一個捐款人，認識兩個的更可能捐。要是認識三個、四個、五個，機率甚至又更高。

然而，除了捐款人**數量**，捐款人之間的連結類型也會帶來差異。想像一下，你正在考慮捐錢，且你發現有兩個朋友已經捐了。哪一種情形讓你更可能捐：（一）、那兩個朋友彼此認識，還參加同一個社會團體。（二）、他們彼此不認識，各自做出捐款的決定？

我們已經知道會不會改變心意，要看參考對象和你的相似度，但多元性也同樣重要。人們認識的捐款者，如果彼此來自不相關的團體，捐款的可能性將提高。假如其中一個捐款人是家族成員，另一個是同事，人們捐款的可能性是兩倍以上。然而，如果兩個捐款人都是家人，或同為同事，雖然不只一個來源，但影響力相較之下沒那麼大。[10]

原因出在**多少人**做了同樣的事，並非唯一的影響因子；重點是多一個人這麼做的時候，是否提供了**額外的資訊**。

更多人在做一樣的事或支持同一件事，的確提供了佐證，但來自相同團體的重複訊號是多餘的。如果兩個熱愛喜劇的人都說某個片子好看，我們依舊可以說，那只證明了那齣戲特別受特定族群歡迎。如果喜愛那部戲的兩個人是好友，也容易讓人得出相同的結論。你會認為他們向彼此提過這部劇，也因此第二個人的推薦沒帶來太多額外的資訊。

反之，如果兩名推薦人品味不同，或是來自你生活中的不同領域，那麼第二個人的稱讚，將提供更多證據。

事實上，如果數個來源提供的資訊過於重複，通常會被歸在同一類，被視為單一來源。舉例來說，如果有兩個同樣任職於會計部的人推薦了相同的供應商，人們會把兩人的推薦當成一個，一起歸為「會計部的建議」，而非當成兩個不同的證據。

來源愈獨立，提供的佐證就愈多。

「相似」與「多元」表面上看似相反，畢竟從某些層面來講，這兩個面向是對立的。如果數個來源的情況都和當事人／組織很像，感覺上就沒那麼多元。

不過，事情未必只能這樣解釋。

以朋友為例，你的每一個朋友，大概都在某個面向和你有相似之處，但類似的面向不一定一樣。朋友A和你有相同的音樂品味，朋友B的政治傾向與你相同。你像朋友A，也像朋友B，兩個朋友都像，卻是以不同方式相像。

組織也是這樣。有些組織規模差不多。有些則是身處同一個產業。兩者都有雷同之處，卻是出於不同的原因。

「相似」與「多元」也因此能一起發揮作用。

聰明的公司不會對潛在的客戶死纏爛打，通常會讓老客戶代表發言，例如舉辦晚宴等活動，讓潛在的客戶在這一類的場合，除了能聽見意見領袖說話、聆聽介紹，也能與公司目前的客戶互動。潛在的客戶因此有機會聽見別人怎麼說，獲得公正的觀點，了解與這間公司合作的實際情形。

不過，考慮要如何安排晚宴座位，或是想著如何才能以最有效的方式打動潛在客戶時，別忘了混合「相似」與「多元」。讓潛在客戶的座位兩側，一邊是同產業、已經在合作的客戶，另一邊是產業不同、但公司規模差不多的老客戶。鼓勵潛在的客戶與技術需求相仿的老客戶聊一聊，也和公司位於相同地區的人聊一聊。

你提供的來源，如果與你想打動的目標有相似之處，但彼此之間的差異又夠多，將是最好的搭配。和我們相似的來源提供的意見，更適合套用在我們身上。獨立來源的好處則是每一個都帶來額外的價值，不會被當成重複的資訊。

時機要抓準

正確搭配各式各樣的訊息來源能提供更多證據，不過還有一件事也很重要。我們必須了解：在**何時**接觸到這些來源，將產生最大的影響力。

介入輔導是一項強大的成癮改變工具，讓成癮者能夠尋求治療，獲得重生，介入輔導的價值也因此帶來值得探討的問題。

在多數案例，在場的親友並非第一次向當事人提到他們的成癮問題，不同的朋友和家人，都曾在不同時刻提過自己憂心忡忡，拜託或強力要求當事人別再那麼做。他們雖然在介入輔導的當下說了一些沒說過的話，成癮者其實早就知道他們如何看待這件事。

如果說成癮者早已聽過各方心聲，為什麼還沒痛改前非？或是換個方式問，介入輔導的差別在哪裡，為什麼比較有效？

首先，這可能是介入輔導員的功勞。介入輔導員接受過訓練，曉得如何按部就班，達到最大的效果。他們擬定專業方案，組成正確團隊，指導親友團寫下一般會寫給當事人的文字。

另一種可能則與情感的表達方式有關。親友與成癮者過去的互動，有可能不著邊際，充滿憤怒與衝突。介入輔導員鼓勵參與者以好懂的方式點出事實，不大吼大叫，不試圖懲罰成癮者，以不帶批判的方式說話，帶著愛，充滿疼惜，讓成癮者知道其他人有多麼關心他們。

以上兩點絕對重要，不過還有一點也值得特別一提。介入法不採取一點一滴慢慢對話：歷時好幾個月，甚至是好多年；而是壓縮每一件事，多管齊下；一次解決，而非拖上很長的一段時間。

幾年前，我和研究同仁艾揚格（Raghu Iyengar）分析某個新網站的使用者成長。[11]

這個網站和許多新網站一樣，沒有太多打廣告的預算，只能請現有的用戶幫忙口耳相傳。每位用戶都可以在臉書上寄發邀請，我們則分析邀請訊息是如何影響潛在用戶決定是否加入網站。

道理和佐證的用途一樣，收到更多邀請的人，更可能加入網站，例如：相較於只收到一個邀請的人，收到兩次邀請的人，加入的可能性幾乎是雙倍。

但是，除了人們收到的邀請**次數**，他們**何時**收到邀請也有影響。來自不同人的邀請出現的時間愈密集，整體的影響力就愈大。

為什麼會這樣？我們先回到剛才同事推薦電視節目的例子。如果同事告訴你，他有多愛看某部劇，隔天又有另一個同事講了類似的話，你會忍不住至少看一眼到底是什麼片子。那部劇是熱門話題，好多人都在講，你因此推論一定真的還不錯。

不過，假如以上兩場對話發生的時間相隔較遠，效果將減弱。

如果一個同事今天提到那部劇，後來又有一位同事也提到，但中間隔了三星期，就比較難帶來行動。由於離你上次聽到那部片已有一段時間，你比較不可能推論那是超熱門的節目。你中間大概還聽到許多其他片子的新聞。如果兩次之間時隔夠久，你甚至可能不記得以前聽過。

成癮研究人員指出，即便有多名親友都試著勸成癮者改變，他們的苦口婆心通常散布在很長的一段時間裡。朋友看見古怪的行為，有可能隨口提到。兩個月後，其他朋友也因為另一件事，詢問成癮者他們怎麼怪怪的。一直要到發生更嚴重的事，例如出意外或被逮捕，才會出現較為直接的對話。

即使親友都曾提到，中間的時間間隔將削弱集體的影響力。如果兩個人在不同時間講不同的話，很容易被當成兩個不相關的插曲，或歸類為起因不同的兩回事。發生過的事有可能被忘掉，或是再次互動時，上一次互動的效力已減弱。

我和艾揚格分析網站的使用者成長，在其中發現類似的現象。每次的邀請都提供了一點這個網站很好、值得加入的證據。然而，過了一段時間後，那些證據像是消失一般，如同水在太陽蒸烤的馬路上逐漸蒸發，第二次的邀請愈晚出現，第一次的邀請提供的證據愈有如不存在。一個月後，邀請的效果僅剩最初的兩成，兩個月後幾乎完全無效，就好像人們不曾接到邀請。*

而密集出現則可以減弱效果衰退的情形。如同一次聽見好幾位家人講相同的事將引發行動，在短期間多次收到網站邀請，也會催化改變。

假設有A和B兩個人，A一下子收到兩次邀請，B則隔了一兩個月才收到第二次邀請，馬上二度受邀的A加入網站的機率，比B高上五成。

不是所有證據改變看法的效果都一樣大，密集出現的證據可以增強效力。想加強大眾關注新服務或重要社會理念的程度？那就讓各家媒體爭相報導，讓潛在的支持者在短期內接連聽到那件事好幾次。

我們的另一項研究發現，像性侵等迫切的社會議題，大眾如果連續接收到多篇報導，將能促成行動。它引領更多人簽署請願書以協助性侵倖存者，捐款支持性侵害防治。相較於在長期分散報導，集中一次播報將能增加民眾的支持度。

---

*換句話說，邀請的效果快速消失。每個月喪失八成。這個月的邀請到了下個月，只剩兩成影響力，再下個月僅剩四%。

試著改變上司的心意？到長官的辦公室聊一聊後，催化的方式是請同仁也立即提出類似的建議。密集請願可以增加影響力。[12]

何時該集中稀有資源，何時該分散

要改變的對象如果只有一個人，集中火力的效果極佳。然而，當你試著改造組織、掀起社會運動，或是炒熱產品、服務或點子，這類大規模的改革有其他需要考量的事項。

舉例來說，某間剛成立的居家用品新創公司，正在努力起飛。時間、金錢、人力等資源通常有限，必須在深度與廣度之間做取捨。行銷經費一共就那麼多，不得不做出抉擇。

該怎麼做？分散資源，在不同市場打廣告，每個市場瞄準一小群潛在的顧客？還是該集中資源，追求單一市場的大量潛在顧客，攻下灘頭堡之後，再推廣到附近的市場？

推廣社會運動也一樣。資源通常不多，無法立刻在各大城市集會或舉辦活動，同樣也得斟酌要先從單一城市起步，在當地舉辦多場活動，或者該讓不同城市一起共襄盛舉，每個城市辦一場就好？

這兩種方法，一個是「灑水器策略」，一個是「消防水帶策略」。

灑水器雨露均霑，這裡噴一點、那裡噴一點，短期內遍及很廣的範圍。淋濕的地方很淺，但很多地方都照顧到了。灑水器範圍內的所有青草都沾到一點水氣。

消防水帶則較為集中，不天女散花，而是灌注在一個地方，也因此是逐一輪流照顧數個地方，而非同時。先讓一區濕透，再換下一區。

傳統看法認為灑水器策略較為理想，可以引起廣泛的注意，分散風險，提高占據先進者優勢的機率。

如果新開的居家用品店，希望最後一共能在十個市場建立客群，感覺上最好分散資源。畢竟一開始只打進紐約市的話，要好一陣子才能進入附近的波士頓或華盛頓特區；如果要從美東一路西進到洛杉磯還需要更久。朋友與社會連結的影響力一般是地

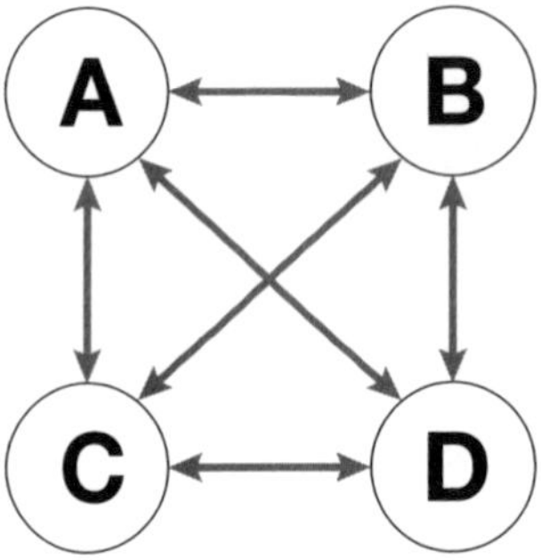

紐約市

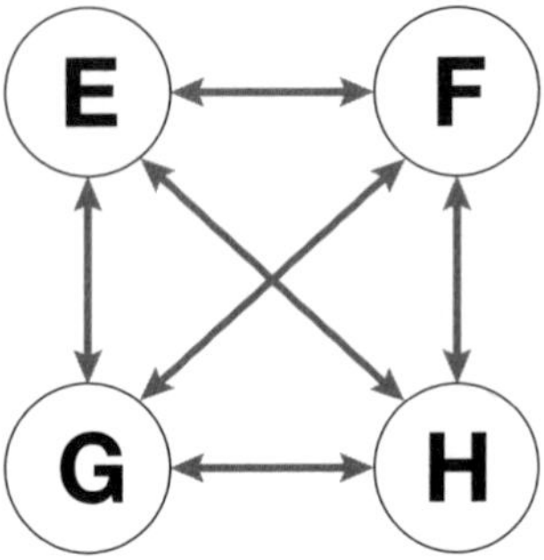

洛杉磯

區性的，即使口耳相傳能幫忙傳播訊息，依舊要花上一段時間，才能從一個市場抵達到下一個。

然而，傳統看法說對了嗎？灑水器策略永遠比較有效嗎？

答案是視情況而定，端看你試圖改變的事屬於「弱態度」或「強態度」，是小石子或大石塊。

以紐約與洛杉磯兩個都市為例，我們簡化一下，假設這兩個城市各有四個居民。紐約市有市民A、B、C、D；洛杉磯有市民E、F、G、H。在現實生活中，地理位置相近的人關係通常比較緊密，所以此

碰上弱態度（「小石子」）時，灑水器法的有效程度

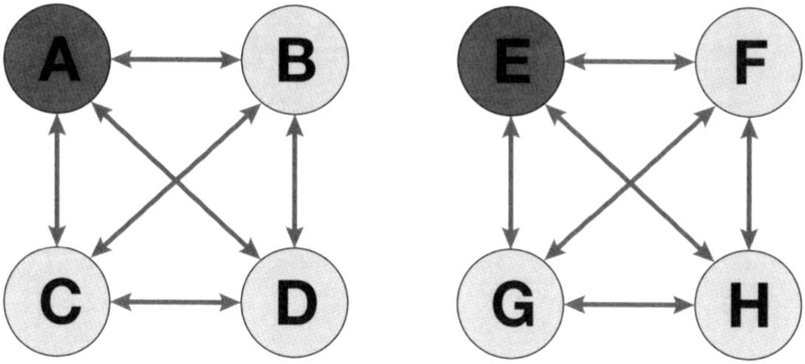

紐約市　　洛杉磯

總採用人數＝8

處我們也這樣假設。同一個城市的居民緊密相關，不同城市之間的居民則關係較為鬆散。此外，人們會和朋友分享事情，一旦得知一件事就會告訴其他人。

如果資源只夠瞄準兩個人，那麼哪一種做法比較理想？要遍地開花，兩個市場各瞄準一人？還是要集中資源，瞄準同一個市場中的兩個人？

假如是弱態度「小石子」，也就是僅需要少量證據就足以帶來改變的情況，灑水器策略最合適。人們會口耳相傳、告訴朋友，只需要每個市場都觸及一人，最後所有人都會知道，例如觸及紐約的A，A就會告訴B、C、D。觸及洛杉磯的E，E

碰上強態度（「大石塊」）時，灑水器法的有效程度

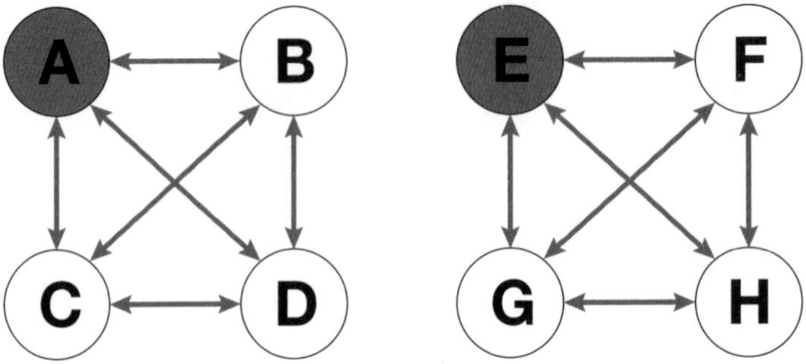

紐約市　　洛杉磯

總採用人數＝2

也會告訴其他的每一個人。

況且，如果只需要少量證據就足以改變想法，光是聽到A那麼說，就足以使每一個人都改變，此時合理的做法是採取灑水器法，瞄準各市場中的一個人。

事實上，集中火力此時是在浪費資源，人們不需要聽見那麼多遍就會改變，資源其實可以用在其他地方。

消防水帶會把東西澆到濕透，水再多也是多餘的，只會白白流掉。

但萬一人們需要更多佐證呢？如果他們在改變前必須聽見更多不同的聲音呢？

假如是強態度「大石塊」或需要更多證據時，灑水器策略就無法掀起風潮。觸

碰上強態度（「大石塊」）時，消防水帶法的有效程度

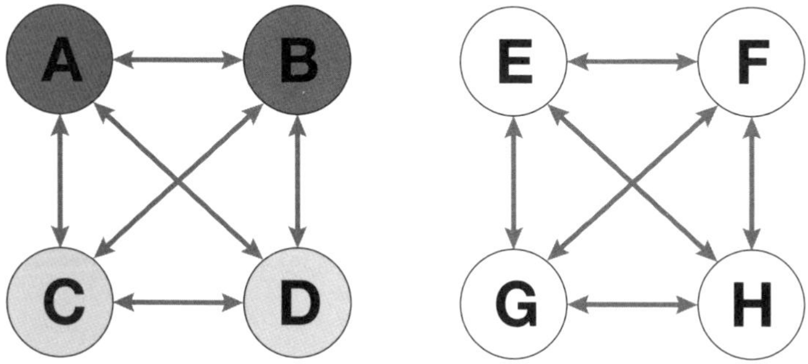

總採用人數＝4

及紐約的A，A依舊會告訴B、C、D，但由於這些人需要聽見不同來源的證據才會改變，光是聽見A講還不夠。只瞄準各市場的一個人，那個人會告訴自己認識的每一個人，但其他人都不會改變。

因此在需要更多佐證時，使用消防水帶策略的效果會比較好。不是瞄準兩個市場裡各一個人（A和E），而是把火力集中在同一個市場（瞄準A和B）。這兩個人都會告訴朋友自己知道的事，每個人聽到兩個不同的人提這件事，也因此會跟著改變。此時將得多花一點時間，才能觸及第二個市場，但消防水帶策略提供的證據，多到足以讓人們改變。

除了不同地區之間，同地區之內也能運用相同的概念。

我們可以把個人或組織分類，劃分成不同的族群，或是歸為不同的類型。

如同地理區域的情形，族群內部的社會連結，一般也強過族群與族群之間的連結。青少年會找其他青少年交朋友，媽媽的聚會成員是其他媽媽。會計部門的員工彼此講話的頻率，多過和行銷團隊聊天。人資和人資待在一起的時間，多過和ＩＴ部門交流。

究竟該集中資源，瞄準單一族群，還是該分散資源，一次瞄準兩個以上的族群，要視改變的門檻而定。

如果不需要太多證據就能帶來行動，打開灑水器是理想策略。同時觸及每一個族群，不需要太深入。

但在需要更多佐證的時候，集中資源就很重要了。先抓住年輕人的心，之後再抓住媽媽的心。一開始先瞄準會計部門的那群人就好，接著再找行銷部門。打造一個社交網絡形成的「孵化器」，確保民眾被來自四面八方的聲音所環繞，增加他們加入的可能性。

小石子或大石塊？

試圖改變人們的看法時，重點是要認得出「小石子」與「大石塊」的區別：小石子是只需要少量證據就能改變的態度（看法）、產品（服務）、行為、點子、計畫。大石塊需要的證據則多很多。

舉例來說，要改變一個人的政治觀點，遠比改變一個人對字型的偏好還要難（至少對於多數人是這樣）。改變公司使用哪種軟體的難度，超過改變公司採購的紙張類型。就算同樣是品牌偏好，這種偏好有多牢不可破，也得看是什麼東西的品牌。人們對於汽水品牌的偏好，強過洗碗精的牌子。他們對汽車品牌的看法，執著程度超過紙巾品牌。

若要評估某樣東西比較接近小石子還是大石塊，想一想那樣東西有多容易改變。愈貴、愈耗時、風險愈大、爭議愈大，就愈不可能是小石子，更可能是大石塊。這類東西需要更多額外的證據。

以金錢成本為例，吸引人們購買九美元的釘書機應該不是太難，只要有同事的推薦或一篇部落格文章的讚美，大概就夠了。但如果是成本達九百萬美元的數位轉型，需要的證據就多了。

風險也一樣。鼓勵人們動LASIK雷射視力矯正手術，需要費的力氣不是太大。已經有幾百萬人動過這種手術，雖然不是完全沒風險，可這條路已經有前人走過。反之，若要勸同一個人去試一種比較少人做過的新型手術，你將需要額外提供很多證據，對方才會安心，而決定嘗試看看。

賭注愈大、財務成本愈高、商譽風險愈高，需要的證明或證據也就愈多。

搬動大石塊很難，但並非不可能。如同成癮介入師的例子，我們需要找出佐證，以解決轉換問題。需要的證據愈多，多重來源就愈重要。我們必須找出情況類似但來源多元的人，提供一致的觀點；還得把握時機，以免拖太久會分散多重來源的效果。此外，推動大規模的改革時，我們需要思考該集中稀有資源，還是該分散開來。石塊愈大，消防水帶的威力將愈勝過灑水器。

菲爾成功戒毒後，把生命奉獻給服務他人。他也成為一名介入輔導員，協助數百位民眾重拾生活，遠離毒品與酒精。

阻止物質濫用無法光靠個人的力量，需要他人助一臂之力。如同菲爾所言：

許多介入師輔導的對象有大學學歷，事業有成，他們是很好的人。那些成癮的人、酗酒的人，他們非常可愛、非常體貼、非常優秀。家人心中疑惑：這個人在人生中的其他領域都表現得很好、很有成就，為什麼就是過不了這一關？

原因如同人們無法自行擊敗糖尿病或癌症。那是成癮，那是疾病，那是你無法光靠自己就能克服的事。

試著改變他人的想法時，通常也一樣。

範例研究

如何改變消費者的行為

若要見證如何一次解決五大改變障礙，可以來看看美國史上最了不起的行銷活動。要找出比那次還令人興趣缺缺的推銷品項，實在是不容易：讓不吃內臟的美國人開始吃。時間回到一九四三年，當時美國政府被迫勸說愛吃肉的國人放棄牛排，改煎牛腦和腰子──還得當成很光榮的一件事。

一九四三年一月，也就是美國投入二戰僅一年後，前總統胡佛（Herbert Hoover）投稿給食品營養雜誌，提醒民眾一個特殊的威脅：美國的肉類供應將短缺。「在這場戰爭中，除了坦克和飛機是軍需品，肉與脂肪也是……」胡佛寫道，「我們的農場缺工，沒人照顧家畜；雪上加霜的是，我們還得供應食物給英國人與俄國人。」[13]

食物不只是活下去的必需品，還涉及國安問題。胡佛在一戰期間主掌過美國食品局（U.S. Food Administration），他明白戰爭通常在遠離戰場的地方開打。同盟國要有機會獲勝，就得餵飽士兵。此外，由於一戰大幅摧毀了歐洲的食物供給，美國將不只得供糧給自家的軍力。

然而，如果要餵飽所有的士兵，美國勢必得減少國內的供應。隨著牛豬肉運往海外的數量增加，肉類很快就和起司與奶油一樣，變成要配給的食物項目。少了肉，美國的飲食習慣遭到重創。紅肉是主要的精力來源，勞工階級尤其如此。人民認為盤子裡要有肉，才算好好吃了一頓。

必須有人出面改變美國人民的飲食觀念，從平日吃的牛排、豬排與烤肉，改成吃士兵不願吃的次等部位，例如：小牛胸腺、心臟、肝臟、舌頭，以及其他的內臟。

當時廣告業正在興起，政府的宣傳機器開始運轉。在演講中讚美內臟部位成本低卻營養豐富。五彩繽紛的海報與小冊子鼓吹愛國主義，向民眾呼籲：「美國人！把肉這項戰爭必需品分享出去」、「我們少吃，他們就夠吃」。一般美國民眾可以靠著「省吃儉用」，替贏得戰爭盡一分心力。

吃內臟的訴求用心良苦，振奮人心。照片裡，笑容滿面的妻子替心愛的丈夫和兒子端出肝泥捲。紅白藍三色的愛國海報，詢問消費者是否已經竭盡全力協助國家。

可是，這些廣告多半沒用。

民眾不是不關心在海外拋頭顱灑熱血的年輕人，也不是他們不懂內臟其實很營養。

民眾其實關心，他們其實懂，只是沒改變行為。你可以說這是慣性在作祟，也可以說民眾過度猶豫不決，肝臟、舌頭和胸腺的食用量幾乎沒增加。

政府如何才能改變美國消費者對於吃內臟的看法？

美國國防部為了改變人民的肉類食用習慣，成立「飲食習慣委員會」

（Committee on Food Habits），請來心理學家庫爾特・勒溫（Kurt Lewin）擔任其中一員。[14]

勒溫經常被譽為社會心理學之父，原本在德國深造，為了逃離崛起的納粹，一九三三年移居美國。勒溫是天才，有辦法把日常的問題，轉換成聰明的心理學實驗。他看出可以如何利用心理學的知識來改善世界。[15]

在一九四二年之前，美國一般透過教育與感性訴求來改變民意。「以正確的方式清楚呈現事實，民眾就**一定**會感興趣、印象深刻與被打動。」[16]告訴民眾該做什麼，連結至愛國主義等他們在意的事，人民就會採取行動。

勒溫研究眼前的情形後，採用了與上述不同的方針。內臟很營養與愛國等動機很好，但似乎無法以最有效的方式改變行為。與其試圖說服民眾，或是著重在「美國人會為了什麼吃動物內臟？」勒溫問了不一樣的問題。本書從頭到尾也是在問類似的問題：民眾最初不吃內臟的原因是什麼？是什麼讓他們裹足不前？

勒溫仔細研究訪談、觀察報告與其他資料後，民眾不吃內臟的幾個關鍵障礙浮出水面。

首先是宣導形式的問題，先前的勸導主要都是在指揮人民做事，要求美國人「把肉這項戰爭必需品分享出去」，提醒你這是愛國的義務。人民沒感到有多少選擇的餘地，也因此沒加緊改變行為。

第二，美國人顯然正堅守向來在做的事。他們愛吃牛豬排，他們愛吃所有習慣吃的東西，那是他們固有的飲食習慣，不想放棄。

第三點是政府要求人民做到的事太大。大部分的早期計畫都是極端的一次就要到位，通常只鎖定一種內臟，鼓勵民眾一星期要吃好幾次。這對多數的家庭來講是非常大的轉變，他們拒絕這麼做。

第四點是不確定性太大。內臟是美國人不熟悉的食材，家庭主婦不知道動物腦吃起來是什麼味道，也不曉得該如何料理腰子。她們不熟悉那些食物，就不會冒險煮給家人吃。

最後，多數民眾不認為內臟符合自己的身分地位。有的人認為內臟是無用的廚餘，應該扔掉才對。其他人則認為，內臟是農村家庭或低社經地位的族群在吃的東西。

勒溫了解民眾在想什麼後，他帶領的委員會不再大力推廣相同的舊廣告，改從移除障礙著手。

為了減少不確定性，委員會試著讓內臟更容易取得，販售時還順帶提供食譜與烹飪技巧。他們建議把內臟混入熟悉的食材，處理方式就和一般的肉類一樣，例如一九四三年的文章寫道：「每個做丈夫的人都會為牛肉腰子派歡呼。」做菜時也可以把肝臟偷偷混入肉餅，讓不知情的孩子吃下。

為了縮短人民與政府的理想目標之間的距離，勒溫的團隊從小一點的要求著手，不要求美國人天天吃牛腦，改成請民眾偶爾嘗試內臟，變點花樣，把內臟加進絞肉與香腸內餡。

為減少敝帚自珍效應，勒溫的團隊提醒民眾不採取行動的成本：堅持吃牛排與豬排是在損害軍隊的戰力。

而為了減少抗拒心理，讓吃內臟更像是自願改變，勒溫用小組討論取代演講，不再指示家庭主婦該做些什麼，而是讓太太們聚在一起，請她們分享看法，讓其他人得知「像我這樣的家庭主婦」是如何戰勝烹飪障礙。

家庭主婦之間的討論提供了佐證。女性看見與聽見其他人是如何解決相同的挑戰：和她們一樣的母親與太太，如何克服不確定的事，替戰爭盡一分心力。

討論結束時，組長會快速做一下調查：下次小組聚會前，打算試試看用內臟做菜的人舉手。

大家都舉手了。

成效十分驚人。勒溫的小組討論讓願意把內臟端上桌的女性，多了近三分之一，[17]全國性的內臟消費也上升三分之一。肝臟成為珍饈。

勒溫的委員會做到的事，不只是改變消費者行為那麼簡單；他們戰勝看似不可能的情況，證明最倒胃口的食材，也能化身為家家戶戶的國民美食，而且他們使用的工具，正和我們在本書的各個章節提到的一樣。

以色列與巴勒斯坦之間的衝突，可說是我們的年代最棘手的議題之一。數十年的協商未果與暴力升溫，帶來根深蒂固的不信任與仇恨。自殺炸彈與火箭攻擊等各種暴力衝突使人民恐懼生命安全不保。行動受限與屯墾者侵占土地，再加上經濟制裁帶來重創，許多人民落入貧困，感到孤立無援。

這自然使得以巴雙方的敵意升高，人民把另一邊視為敵人，不惜一切代價也得摧毀對手。敵對的雙方要互信，通常看似絕無可能，更別說要成為朋友。

但就在一九九三年，美國華盛頓特區一個風和日麗的早晨，事情出現轉機。柯林頓總統（Bill Clinton）在白宮草坪上接待貴客團，公開進行簽署奧斯陸協議（Oslo Accords）的儀式。以色列總理伊扎克・拉賓（Yitzhak Rabin）與巴勒斯坦解放組織（Palestinian Liberation Organization, PLO）的主席亞西爾・阿拉法特（Yasser Arafat）達成共識。

那是中東歷史性的一天。以色列政府與巴勒斯坦解放組織首度面對面簽訂協議。巴勒斯坦解放組織承認以色列的合法地位，放棄暴力手段。以色列則同意將軍力撤出加薩走廊與約旦河西岸的部分地帶，聲明未來巴勒斯坦的自治政府是合法代表。拉賓與阿拉法特做出的努力，日後替他們贏得諾貝爾和平獎。當天除了這兩位領袖，前美國總統、部長與重要人士也都出席表達支持。

然而，柯林頓在演講中特別讚揚一個特定的與會團體。「在這裡的所有人之中，」美國總統指出，「沒人比他們更重要。」

那個團體的成員不是達官顯要，也不是什麼世界領袖、前總統或記者團成員。事實上，他們穿著綠色T恤和牛仔褲，在這個冠蓋雲集的場合顯得突兀。

他們是一群夏令營的學員。

和平種子夏令營（Seeds of Peace）號召埃及、以色列與巴勒斯坦的青少年，每年夏天一起共度數週，地點是南緬因的湖區度假勝地。

學員除了一起睡上下舖、一起在餐廳吃飯、以正常步調參與各式夏令營生活，學員們還一起參加對話時間，試著認真討論彼此的不同。

在參加和平種子前，各地學員大都對另一方沒好感。他們是各自的政府挑選出來的優秀代表，有的來自屯墾區，有的帶有正統派思維或宗教觀點。許多學員是好戰的忠實教徒，立場絕不動搖。

「我帶著大量恨意走進營地。」參與此次計畫的埃及少女哈碧芭（Habeeba）表示。「我想證明我的觀點，然後就走開，不打算聆聽或學到什麼。」*哈碧芭是阿拉伯人，她認為那樣做才是愛國的表現。她要讓以色列人知道他們的政府很邪惡，他們住在別人的土地上。

對許多學員來說，這次的夏令營是令他們內心充滿掙扎的體驗。他們感到自己是叛徒，光是參加就是在背叛國家。阿拉伯人害怕和以色列人同睡一間小木屋，擔心閉上眼睛後會發生什麼事。以色列人想到要和巴勒斯坦人同桌吃飯，就覺得無法忍受。

夏令營的活動，有的讓這群青少年自由選擇要和誰互動，例如美術課。但像攀岩

*以色列的夏令營學員也表達完全相同的感受。

等其他活動則不免需要和討厭的人合作。「如果我想爬上去，一定要握住他們的手。」一名營隊學員解釋，「那個活動並沒有立刻化解敵意，只是在努力。那很難，我不喜歡。」

然而，這些不共戴天的敵人在快樂湖（Pleasant Lake）的湖畔一起度過三星期的時光，不可思議的事發生了。

他們變了。

除了攀岩與美術課，眾人還得參與他們談到的「團隊挑戰」，例如用長繩繞出形狀，以及從事其他的團體活動。

把繩子圍成圓圈或星星，聽起來簡單，但對這群學員來講很難，因為他們在過去兩小時，還正為了土地權或政治代表等議題爭論不休，根本不想與另一方合作。他們之中許多是能言善道的領袖級人物，沒興趣與敵人成為搭檔。

其中一項團隊挑戰是高空繩索課程，兩人一組，一個人必須爬上高聳的電線桿，接著走過離地三十呎（約九公尺）的繩索。更困難的是，學員被矇住眼睛，完全只能仰賴同伴的指示。

不合作，就不可能完成挑戰。有時同組的兩個人同時被矇住眼睛，必須一起想辦法穿越繩索，手牽著手，開口商量，走過摸得到但看不見的旅程。

哈碧芭回想她某次與一位性格強悍的以色列人組隊。那個人在對話時間講話直率，立場堅定不移，她找不出兩人有任何共通點，也不信任對方。但在走繩索時間，她的眼睛被矇住，完全得仰賴這個人，才能在高空三十呎保持平衡。

哈碧芭有兩個選擇。她可以依賴不確定能否信任的人，或是冒著摔下去的險。

然而，隨著同伴一路帶領哈碧芭走過全程，協助她走過每一步，哈碧芭感到有些東西變了。她在乎的事不一樣了，而她從不覺得有這樣的可能性。「他和我一樣都只是普通人。」哈碧芭發現，「在半空的繩索上，我不在乎他是以色列人，我和他不合的事不重要；我關心的是我們會不會掉下去。」

哈碧芭在那一瞬間豁然開朗。「在過去兩星期，不曉得在什麼時候，我不再依據國籍來判斷營隊裡的人，我開始把他們視為個人來看待。」

哈碧芭不是唯一走過這種心路歷程的人。芝加哥大學（University of Chicago）的研究人員長期追蹤和平種子，[1]評估以色列與巴勒斯坦學員的關係，以及他們對待彼此的態度。

研究人員發現營隊改變了參加者的態度。到了夏令營的尾聲，學員對另一方的態度出現改善，比較喜歡與信任對方。他們一度視彼此為敵人，現在則認為對方和自己有相似之處。同時，他們對和平的可能性感到更樂觀，更願意朝這個目標努力。

令人好奇的是，這樣的轉變會不會只是一時的。或許青少年回到被撕裂的家園後，又會回歸原本的想法。

然而，結果令人欣慰。即使夏令營已經結束一年，相較於未參加時，參加者對另一方的態度依舊更為正面。

而且這些實際相處的經驗所帶來的改變，不僅限於態度上。對許多學員而言，那次營隊經歷就此開啟了視野更為廣闊的行動主義。後續的追蹤研究[2]發現，和平種子的學員有很高的比率，於日後積極參與和平建設與社會改革活動，而他們通常已離開營隊十年以上了。

柯林頓總統說對了。這些夏令營學員是和平進程的未來。

許多衝突都一樣，媒體通常大筆一揮，概括性地描述雙方。有的媒體說猶太人是心機重的小人，偷走阿拉伯人的家、奪走阿拉伯人的地。其他媒體則把巴勒斯坦人描繪成自殺炸彈客，盲目跟隨信仰，不能信任這種人。太多的刻板印象，再加上極端的仇外心理，讓人很容易把「敵人」當成外星人，他們是遠方沒有臉孔的一群人。

然而，和平種子夏令營改變了那點，青少年發現雙方其實有很多共通點，對方也是十四歲，有暗戀的人，平日上學，就跟自己一樣。

「和我同桌的以色列女孩非常愛吃柳丁，但她不會剝皮。」哈碧芭說，「我就幫她剝。和一個人一起生活時，你會觀察到那一類的事。你注意到他們用哪一種洗髮精，那些是非常人味的一面。」

和平種子是了不起的組織，是強大的催化劑，改變了人們對以巴衝突與其他各種爭論議題的看法。但影響最深遠的部分，在於和平種子的做法可以如何廣泛應用在其他領域。

我們讀到這類團體的故事時，很容易把當時情形當成特例，畢竟沒有太多領導者可以把組織上下所有的人，全部帶去參加三星期的夏令營。也很少業務員為了做成買賣，能說服潛在客戶一起參加繩索課程。

然而，和平種子本身雖然獨特，**為什麼**能成功的基本原因，和本書各章節提到的眾多原理是一樣的。

和平種子沒逼巴勒斯坦人和以色列人當朋友，也沒列出更多各方應該互信的理由。他們沒把青少年關在營地裡，讓他們聽著無止境的說教，懇請他們做「對」的事。和平種子找出妨礙改變的關鍵障礙，想辦法加以解決。

和平種子不試著說服誰，而是藉由鼓勵人們自己說服自己來減少**抗拒心理**。營隊有理想中的目的地，但不強迫學員朝那個方向走，讓大家自行決定。主辦單位提供各式的練習與體驗，學員自行選擇通往理想結果的道路。

和平種子沒一下子就要求世界和平，只努力縮短**距離**。他們不期待敵對的雙方在夏令營的第一天，就結為好友。夏令營只提出一些小要求，例如要學員睡在同一間小木屋，同桌吃飯，一起參加活動，展開對話。這些活動協助參與者轉換立場，找出彼此沒有區別的地方。

此外，和平種子還以相同的方式降低**不確定性**。他們減少了前期成本，讓一般會害怕彼此的人們，得以在安全、中立的環境中互動，促成發現。和平種子沒坐等兩方自行互動，而是主動製造讓互動自然發生的情境。此外，夏令營一共只有短短幾星期，不是執行了就沒有回頭路。最糟糕的結果，也不過是學員很快就回到原本的生活。

最後一點是和平種子提供了**佐證**，讓學員與不同的外團體成員，有多次的互動機會。即使來自埃及的哈碧芭和同桌的以色列女孩成為朋友，哈碧芭也很容易把這位朋友當成特例：這個女孩確實是以色列人，但她和**其他的**以色列人不同，她不一樣。此時哈碧芭對於以色列人的整體信任感，並未真正改變。但是當哈碧芭與數名以色列人都有過正面的互動後，她對於以色列人這個群體的態度，很難不跟著轉變。未來遇到其他的以色列人，她更有可能信任對方。

追根究柢

行為科學家勒溫說過：「如果你真心想了解一件事，那就試著改變它。」而反過來也一樣。你要真正改變一件事的話，先得了解它。

我們推動改變時，太常把重點擺在自己身上。我們關注的焦點是我們期待的結果、我們希望見到的改變，過分盲目相信自己是對的，還以為只要提供更多的資訊、事實或理由，其他人就會舉白旗投降。

然而，事情通常不會如我們所願。我們太專注於自己、眼裡只有自己要的東西，忘了最重要的改變要素其實是了解受眾。

我們不只要了解受眾是誰，不只要找出他們的需求不同於我們的地方。還有本書從頭到尾一直在談的：要找出為什麼他們尚未改變。哪些限制或障礙阻擋著他們？究竟是什麼東西拉上了手煞車？

我們愈了解是什麼事讓人不肯改變，就愈容易從旁輔助，明白事情不是表面上的零和賽局。

人們還以為，改變心意的意思是必定有人得輸，你不讓步，我就得犧牲。事情非黑即白，一共就兩條路可走。

但是，實情通常比那複雜。

餐廳裡的兩名廚師，正在搶廚房剩下的最後一顆柳丁。晚餐進入重頭戲，兩位廚師接下來要出的重要菜色，兩道都需要用上柳丁，也因此吵到不可開交，爭論究竟誰有權使用那顆柳丁。

最後沒時間了，菜一定得端上桌，兩人拿出一把大菜刀，把柳丁一分為二，雙方都只拿到一半需要的量。

然而，兩位廚師如果找出彼此的動機，原本可以有更好的解決方式：**為什麼**對方需要柳丁？一個需要柳丁汁做醬汁，另一個烤蛋糕需要加進柳丁皮。

不論是做菜、替院子除草，或是讓以巴雙方取得共識，先對問題本身追根究柢，將帶來更理想的結果。

找出障礙，找出手煞車，其餘的將迎刃而解。

找出障礙的實際範例，請見〈附錄：「力場分析」〉。

催化劑的力量

和平種子的故事點出幾個重點。

首先，不論是選擇購買哪牌的產品（Acura汽車體驗）、判斷如何投票（深度遊說）、決定要不要戒菸、勸說農夫採取創新技術（混種玉米）、說服顧客使用新服務（Dropbox），或是讓孩子吃下蔬菜。甚至是最不可能發生的情形，例如成癮者願意接受治療、銀行搶匪主動投降、保守派人士支持跨性別權益、以色列人和阿拉伯人信任彼此、肉食愛好者改吃素，或是企業改變文化，任何人的看法都有可能轉變。

以上這段話的意思不是催化改變很容易。改變想法不是一朝一夕之事。觀察一下各種重大轉變，就知道羅馬鮮少是一天造成的。

美國大峽谷是全球最壯觀的峽谷地形之一，綿延不絕，長度等同從華盛頓特區一路開車到北卡羅來納州的羅里（Raleigh），而且整整要花四個多小時，才能從山頂走到谷底。大峽谷的面積過於遼闊，裝得下整個羅德島州，巨大到甚至會形成自己的天氣型態。

這麼大的一片谷地是如何形成的？有的人會猜是某次的大地震，或是某種天崩地裂的大事件。

然而，實情沒那麼突然，沒那麼石破天驚，而是數百萬年間滴水穿石，水滴匯集成穩定水流，最終成為科羅拉多河。

以換政黨為例，人們不是受到天啟、一瞬間大徹大悟。那種場景拍電影或寫小說會很精彩，但現實生活少有那種事。

重大轉變通常比較接近大峽谷：一路上歷經許多階段，緩慢且穩定地變動。契機可能是在大學和教授談話，或是和室友來了一場很長的辯論；為了治療突如其來的疾病，改變了一個人如何看待健康照護系統；無法認同新領導人帶領政黨的方向，因此改變了政治認同。那些改變歷時數年，不會發生在幾小時之間。

重大轉變尤其需要花上數星期、數個月，甚至是數年才會發生。然而，只要了解人們會改與不改的原因後，催化劑就能提高改變發生的可能性。

第二，我們其實可以用更巧妙的方式促成改變。不必緊迫盯人，不必施壓，只需要移除造成人們不肯改變的障礙。我們要解決路障，當個催化劑。

本書提到的補習班老闆納飛茲，沒直接勸學生多花點時間念書；而是減少他們的抗拒心理，讓學生說服自己多用功一點是最理想的做法。費萊雪沒強迫選民一定要支持跨性別權益；而是縮短距離，鼓勵選民自行決定那樣做。韋齊沒威脅歹徒「雙手舉高投降，要不然我們就開槍了」；他從了解歹徒本身著手，找出他們的需求，讓歹徒感到投降是自己的主意。

不論是轉變看法、改變行為或刺激人們起而行，催化劑所做的是**減少（REDUCE）**障礙。

抗拒（**R**eactance）	人們被逼迫則會反抗，因此與其命令人們做事，或是試圖說服他們，不如當個催化劑，允許人們自主，鼓勵他們說服自己。
敝帚自珍現象（**E**ndowment）	人們會依戀現況。催化劑減輕這種敝帚自珍現象，讓不採取行動的成本現形，協助人們了解，什麼都不做不像表面上那樣毫無成本。

距離（**D**istance）	離自己太遠的東西，人們一般不會考慮。落在拒絕區的觀點，不被人們所信。催化劑會縮短距離，從比較小的要求做起，轉換立場。
不確定性（**U**ncertainty）	懷疑的種子會拖累改變的速度。催化劑靠著降低不確定性，讓人們不再裹足不前。如果輕鬆就能試用，就更可能購買。
佐證（**C**orroborating **E**vidence）	有些事需要更多證據。催化劑的做法是找出佐證，藉著提供多種證據源頭克服轉換問題，讓人們能套用在自己身上。

不論是說服客戶，改變組織，也或者你想顛覆整個產業做事的方式，想一想是哪些路障擋下了改變，你又該如何移除那些障礙。

移除常見的障礙時，可以參考一下這張檢查表：

減少抗拒	● 你如何允許人們自行決定？如何能和真相運動一樣，鼓勵民眾自行規劃道路，前往你的目的地？ ● 你能提供選單嗎？如同問孩子要先吃花椰菜還是雞肉，你能否給予提供引導的選項？ ● 如同「抽菸的孩子」廣告，態度與行為是否不一致？如果不一樣，你要如何突顯這一點？ ● 你是否先從理解情況著手，不直接施加影響力？找到問題的根源了嗎？你是否和韋齊一樣，建立信任感後再推動改變？
減輕敝帚自珍現象	● 現況是什麼？人們喜歡現況的哪些地方？ ● 堅守現況是否有大家沒發現的隱藏成本？ ● 如同理專葛蘿莉亞的例子，你如何讓不行動的成本現形？ ● 如何能模仿探險家科爾特斯或ＩＴ部門的山姆破釜沉舟，清楚表明不可能回頭？ ● 如同甘明斯的英國脫歐宣傳，你如何能把新東西包裝成重拾失去的東西？

縮短距離	• 如何遠離拒絕區，以避開確認偏誤？ • 如同醫生讓卡車司機少喝一點汽水，把大改變分成小改變，循序漸進，你要如何從小改變做起？ • 誰是有爭取空間的中間派？你要如何透過他們說服其他人？ • 大家意見沒有分歧的地方在哪裡？你要如何把那當成基礎，讓人們轉換立場？如同深度遊說的例子，你要如何找出有共識的面向，拉近彼此的距離？
降低不確定性	• 你如何能降低不確定性，讓人們不再猶豫？能否降低試用的門檻？ • 你能否像 Dropbox 一樣提供「免費增值」？ • 如同 Zappos 等的例子，要如何利用試駕、租賃、樣品等各種方式，方便人們親身體驗，降低前期成本？ • 與其等著顧客自行上門，你該如何讓人們發現你？如同 Acura 的免費接駁車例子，你要怎麼讓不感興趣的民眾體驗到你的產品？ • 如同費城的街尾動物救援所提供兩星期的試養期，或是商家寬鬆的退貨政策，你能否靠著有後悔的餘地，減少後期的麻煩？

提出佐證

你面對的是小石子還是大石塊？你要人們改變的事，成本有多昂貴、多危險、多花時間，或是爭議有多大？

- 如同介入師讓成癮者聽見異口同聲的心聲，你要如何提供進一步的證據？
- 你能找到哪些情況類似但獨立的來源，協助提供更多證據？
- 你要如何在一段時間密集提供證據？讓人在短期間陸續聽見好幾個人的說法？
- 如果是大規模的改變，你要開啟消防水帶，還是灑水器？要集中稀有資源，還是遍地開花？

以上幫大家簡單複習了一下，不過我最後要說的這件事最為重要：任何人都能成為催化劑。

你不必口才很好，也不需要做出最棒的 PowerPoint 簡報。你不必握有龐大的廣告預算，也不必是大企業的一員。此外，你不必擁有二十年的業界豐富資歷，不必唱作俱佳，也不需要是在場最有魅力的人。

前文提過的銀行人員雅札克，原本遲遲無法取得資深管理階層的支持。銀行這個產業以抗拒改變著稱，而雅札克希望改革客戶體驗。從某些方面來講，這與銀行熟悉的事物背道而馳。然而，雅札克減少試用的阻礙，帶來體驗，讓管理階層體會到他提議的事所具備的價值，最終採納提議。

沃夫的菸害防治任務，要和全球最大的產業競爭，對手的預算比他多出一千多倍。而且數十年來，無數的組織已經嘗試過阻止青少年抽菸，成效都不彰，但沃夫攤開事實，扭轉乾坤。沃夫沒告訴青少年該怎麼做才對，讓青少年積極參與，不被動旁觀，要不要抽菸由自己做主。沃夫消除抗拒心理，讓青少年自行說服自己。

尼克在網路上賣鞋的小型新創事業需要助力。Shoesite.com 的資金即將告罄，他們需要改變消費者的行為，而且動作得快。然而公司手頭拮据，無法大打廣告，最後決定不採傳統的說服路線，靠免運（退貨也免費）讓潛在的顧客以第一手的方式體驗他們的服務。Zappos 靠著降低試用門檻，消除風險，減少不確定性，打造出價值十億美元的事業。Zappos 一路協助開創了線上購物的世界，而我們今日對這個世界再熟悉不過。

以上舉的這些普通人，在不同的棘手情境下成為催化劑。他們找出問題的根源，移除障礙，成功改變人們的心意。

每個人都有想改變的事。政治人物希望改變投票行為，行銷人員想要打造客群。員工祈禱能改變上司的觀點，領袖試圖改造組織。配偶想扭轉另一半的心意，父母想讓孩子改善行為。新創公司期望改變產業，非營利組織努力改造世界。

本書檢視最新的改變科學，研究人們為什麼會改變看法，做起不一樣的事，採取不同的新觀點。中間發生什麼事？時機是什麼？

當個催化劑，努力**減少**（**REDUCE**）障礙，你同樣也能無往不利。

在此感謝葛瑞格・韋齊（Greg Vecchi）、戴夫・費萊雪（Dave Fleischer）、查克・沃夫（Chuck Wolfe）、麥克斯・多羅丁恩（Max Doroodian）、菲爾・拉杜卡（Phil Laduca）、史蒂芬・博佛德（Stefan Burford）、佛瑞德・莫斯勒（Fred Mossler）、安迪・阿諾（Andy Arnold）、奈德・拉札勒斯（Ned Lazarus）、大衛・布洛曼（David Broockman）、納飛茲・阿敏（Nafeez Amin）、雅札克・諾萬克（Jacek Nowak）、金柏利・庫蒙（Kimberly Culmone）、賽巴斯汀・巴克（Sebastian Buck）、麥可・魏瑟（Michael Weisser）、麥可・霍恩（Michael Hone）、普立雅卡・福特（Priyanca Ford）、愛德華・瑟博（Edward Scerbo）、布萊登・博施（Brendan Bosch）、希拉蕊・勞（Hillary Law）、卡羅琳納・赫納茲（Carolina Hernandez）、迪亞哥・馬丁內茲（Diego Martinez）、邁可・漢伯格（Michael Hammelburger）、希爾薇亞・布朗蔻（Silvia Branscom）、凱薩琳・德佛（Katherine Devore）、珊卓・海默斯基（Sandra

Hamorsky）、麥特・夏皮羅（Matt Shapiro）、菲爾・金（Phil Kim）、戴・李維（Deb Levy）、家偉・李（Jiawei Li）、哈賓娜（Habeeba），以及其他所有挪出時間分享故事的人士。謝謝理查・羅勒（Richard Rhorer）的來信帶來撰寫本書的靈感。感謝喬・考克斯（Jon Cox）一路呵護著初稿，也謝謝愛麗絲・拉普蘭（Alice LaPlante）讓文字更加嚴謹。我要感謝喬・卡爾普（Jon Karp）提出實用建議，也要謝謝妮可・博肯斯（Nicole Beurkens）、克莉絲汀・林基斯特（Kristen Lindquist）、克特・葛雷（Kurt Gray）、姬蓮・丹瑟（Jillian Dempsey）、艾力克斯・米勒（Alex Miller）、麥克與潔絲・克利斯汀（Mike and Jess Christian）、亞歷山大・博格（Alexander Berger）、露易斯・史坦格（Louise Stanger）、派崔克・傑夫斯（Patrick Jeffs）、賈斯汀・艾特金（Justin Etkin）、凱利・莫維奇（Carey Morewedge）、胡利安娜・施羅德（Juliana Schroeder）、賈斯汀・艾特金（Justin Etkin）、奈德・拉札勒斯（Ned Lazarus）、蓋伯・亞當斯（Gabe Adams）替各種主題回答專門的領域問題。我知道我提的那堆問題，絕對是天上掉下來的麻煩，你們卻耐心又仔細地回答。謝謝喬治・費里奇（George Ferridge）、家偉・李（Jiawei Li）、莎麗・辛（Sally Shin）、席爾・戴麥尼（Theo Damiani）、威廉・莫瑞（William Murray）、凱薩琳・王（Catherine Wang），以及其他的研究助理替本書蒐集各章節的資訊。感謝卡洛琳（Caroline）與莉莉（Lilly）喜歡這本書，謝謝布里特妮・豪爾（Brittany Hull）細心照顧賈斯伯，也感謝崔維斯（Travis）的北卡羅來納大學（UNC）午休籃球光陰，讓我在寫作的空檔得以好好喘口氣（希望這能解釋為什麼我永遠遲到）。感謝尼普西・哈塞爾（Nipsey Hussle）多年來的支持，願你在天上安息。謝謝鮑比・法蘭西斯（Bobby Francis）帶來引導這趟旅程的願景。謝謝梅根・卡斯特羅（Megan Costello）、夏巴維・克里斯納默席（Shambavi Krishnamurthi）、傑米・喬瑟夫（Jamie Joseph）、琳賽・皮斯托（Lindsay Pistor）、札傑里・波文（Zachary Boven）、傑森・彼得森（Jason Peterson）、吉兒・倪（Jill Ni）、艾力克斯・卡普瑞塔（Alex Capretta）、喬許・馬曲（Josh March）、亞斯頓・漢彌頓（Aston Hamilton）、亞曼達・莫瑞森（Amanda Morrison）、瑪格麗特・索瑟（Margaret Souther）、法隆・多明各斯（Falon Dominguez）、安東尼・貝斯海（Anthony Beshay）、茱莉亞・穆恩（Julia Moon）在繁忙的一年之中，抽出時間閱讀多版初稿，提供實用的建議。你們不斷提出更好的概念可供應用，給予我很大的協助。我要感謝吉姆・列文（Jim Levine）：沒有你就沒有這本書。我永遠感謝你引導著我（希望有一天能和你一樣，事事帶有禪意）。

謝謝我的父母提供的所有文章與思考，謝謝你們替我加油打氣。

附錄 積極聆聽

從理解著手將有助於找出問題的根源，明白為什麼某個人不肯改變。「積極聆聽」可以讓理解的過程更為順暢。聽很重要，但問對問題通常也同等重要，可以讓人知道你用心在聽，注意力持續擺在他們說的事情上。以下是幾種積極聆聽的關鍵訣竅：

輕微鼓勵

如何讓人看出你聽得很認真？你可以透過肢體語言與口頭回應，展現你專注於對方說的話。點頭、身體往前傾、看著對方的眼睛，說出「對」、「原來如此」、「好，我知道了」。這一類的語助詞似乎無關緊要，卻能推動對話。聽眾沒有任何回應或反饋時，報告人不僅會意興闌珊，整體而言表現還會變差。[1]

拋出開放式的問題

發問能讓討論延續下去，建立信任感。不論是剛開始認識彼此的對話，也或者是快速約會，各式情境的研究報告顯示，發問次數多的人，獲得的好感也多。[2]發問能蒐集有用資訊，更加了解對話的對象。

然而，問的時候要有技巧，例如問「為什麼」（「為什麼你不去倒垃圾？」）讓人心生防備，感到被質疑。是非題或人們只會用一兩個字回答的問題（「你有槍嗎？」），效果較不佳，無法讓對話延伸下去。

開放式問題（「你能多談一點那件事嗎？」或「哇，怎麼會發生那種事？」）則不僅讓人知道你聽進去了，還能帶出可以派上用場的細節與資訊。

利用「有效停頓」

停頓是一種無聲的力量。沉默令人感到不安，人們會很想補足對話的空檔。人質談判人員會利用停頓引誘當事人說話，套出額外的資訊，尤其是談判人員認為發問會導致離題的時刻。此時他們不追問，保持安靜，讓嫌犯自行補足空白。

停頓也能吸引注意力。在拋出重點的前一刻或後一刻停頓，將引發期待感，刺激聽眾專注於說話者想溝通的事。歐巴馬總統以運用這個說話技巧聞名。他在說出競選口號「Yes, we can」（我們做得到）的時候，中間經常夾雜停頓：「Yes... we can」。他在二〇〇八年總統大選之夜的勝選感言，最令人熱血沸騰的句子，中間出現十次這樣的停頓：「如果還有任何人……依舊在懷疑……美國是否是一個……任何事都有可能成真的地方……如果有人依舊在想……開國先賢的夢想……是否依舊存在於我們的年代……如果還是有人質疑……民主的力量……今晚……你們有答案了。」策略性停頓可以強調重點，抓住聽眾的注意力。

重複你聽到的話

鏡像法包括重複對方說出的最後幾個字，讓對方知道你專心在聽，尤其是在對方情緒激動的時刻，這個方法可以鼓勵他們說下去，讓他們有機會一吐為快。如果有人說：「煩死人了，供應商老是會晚一兩天。」此時可以回應：「老是晚一兩天？」鏡像法能增進好感，促使對話進行下去。

不過，也不要一直重複完全相同的話，可以用你自己的話換句話說，證明你不僅認真在聽，還真的聽懂了。

給情緒一個名字

試圖扭轉看法時，資訊通常很重要，但情緒也一樣重要。提供事實與數字很好，但如果你不明白人們隱藏的情緒，你很難讓人採取行動。說出情緒的名字，可以協助找出行為背後的議題與感受。指出「你聽起來很生氣」或「你似乎很沮喪」，可以讓人知道你用心聆聽，努力了解對方。即使弄錯情緒，對方的回應將可提供起點，協助找出根本的議題。

免費增值這個商業模式效果強大，可以吸引新用戶、接著讓他們升級成付費用戶。但是這種模式能否成功，免費提供**多少**內容是重點中的重點。

假設 Dropbox 只贈送很小的儲存容量，接著就立刻跳出訊息，提醒用戶要付費才能獲得更多空間，大部分的使用者八成會感到不耐煩。他們才剛開始使用服務，還沒用過多少時間，你就急著要錢，他們大概不會覺得這個東西的價值高到值得掏錢，還可能決定改用別家的服務。

相反地，給太多也不好。《紐約時報》網站最初提供每個月免費看二十篇報導，但二十篇分量太足，想換到付費版的用戶不多。一個月看那麼多篇報導的讀者很少，多數人沒有升級的理由。

關鍵因此是不能小氣，盡力帶來令人感到升級一定會很值得的體驗，但也不能免費贈送太多，多到沒人想再多來一點。

《紐約時報》分析使用率後，把免費的篇數降至十篇。十篇依舊不少，但又能刺激高用量用戶升級。

一切端看：（一）、有多少新用戶加入；（二）、轉換率（升級的百分比）。如果用戶成長停滯不前，那麼你提供的東西還不夠誘人，免費版必須加入更多好東西。如果用戶蜂擁而至，但升級的人數不多，此時則相反，代表免費版過於大方，或是升級版的好處，不足以讓人看出有升級的價值。

不過，除了免費大放送要送到什麼程度，要在**哪個方面**加上限制也很重要。《紐約時報》和 Dropbox 限制的是「容量」，例如：每個月只能免費看多少篇報導、提供多少免費的儲存空間。健身房與課程則限制「時間」，讓人免費試用三十天或第一堂課免費。Pandora 影音聊天室與 Candy Crush 等遊戲限制「功能」（誰可以登場、有沒有廣告、用戶可以進入哪一級），不一次解鎖所有功能，只提供一部分。

判斷要限制哪個面向時，答案再度取決於不確定性。哪一種體驗能讓用戶確定值得付費升級？

如果用戶無法立即發現某些特定面向的價值，最合理的做法是限制功能。另一種可能是立刻獲得所有功能可以提供最佳體驗，此時限制時間或用量是更好的選項。

手煞車或障礙有很多種形式。移除路障的第一大挑戰，就是要先辨識出它們。

舉例來說，某款新的旅遊 App 以省時又省錢為賣點。典型的做法是用力稱讚這個 App 有多棒，不但替你省下一半的行程規劃時間，飯店與機票還可以打七五折。

然而，這個 App 因為種種原因流行不起來。有的消費者沒發現自己需要幫助，有的人不懂這個 App 提供的解決方案（如何省錢），或是不相信那是真的（廣告可能只是噱頭）。有的人則擔心這個 App 提供的旅遊選項有限，或是很難用。

道理如同醫生如果不知道你生了什麼病，就很難對症下藥。民眾要是不懂 App 可以如何省錢，帶他們看一遍示範或許會有用。但是，如果問題出在民眾認為這個 App 提供的選項有限，或是很難操作，那就需要用不同的方法解決。此時光是保證真的能省錢，並無法化解人們的疑慮。這就像是患者牙痛，醫生卻要他們戴上手指扭傷用的護套。

寄發內容千篇一律的電子郵件，地毯式轟炸所有潛在的客戶比較簡單？那是當然。想要改變組織裡不同的幾個部門，用同一套說法遊說比較快？的確如此。可是，不管三七二十一都用同一套方法，表面上可以省時間，實際上效果很差，你得一遍又一遍想出新的講法。

我們需要找出問題的源頭。到底核心議題是什麼？為什麼人們不肯動？

專家經常採取一種叫「力場分析」（force field analysis）的方法，分析特定情況下各種起作用的因素或力量，接著靠分析出來的結果推動改變。

任何狀況下，力場分析的第一步都是定義改變。找出目標與理想狀態，或是你希望發生的事，例如：客戶簽下長期合約；管理階層挪預算給新方案；另一半不再抱怨你爸媽。

接下來，找出可以推動改變的驅動力或現有因素，有的是內部的，存在於個人或組織之中，例如：客戶喜歡我們目前端出的成果、專案符合管理階層的弘大願景等等。有的力量或因子則是外在的，存在於個人或組織之外，例如：客戶的公司一般偏

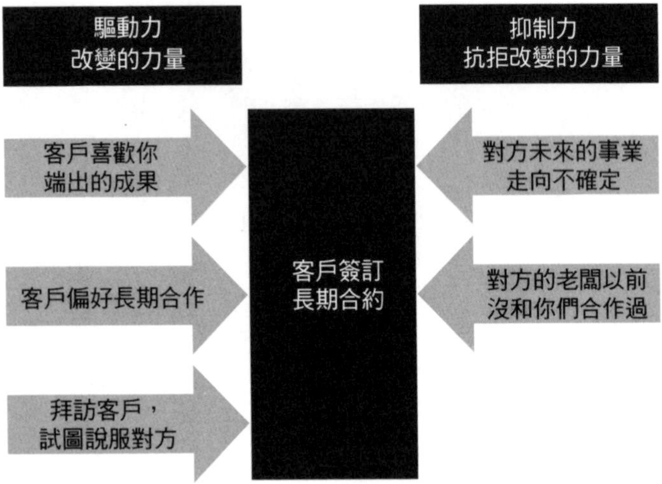

好長期合作；這次的計畫若順利進行，可以推廣至組織的其他各部門。

最後，最重要的一點是找出抑制力：到底是什麼東西綁手綁腳，害改變無從發生。抑制力和驅動力一樣，有可能是內部的，有可能是外部的。客戶有可能不確定自家公司未來一兩年的走向，此時如果推動新方案，客戶對人事上的安排會有疑慮。＊

找出障礙的方法是思考過去與現在，而不是未來。前文提過，不要問哪些因子**未來有可能**促成改變，而要問為什麼**尚未**改變。為什麼希望見到的轉變還沒發生？是什麼阻撓了這件事？哪些目前存在的因素，導致到現在都還沒改變？

你要做的是問問題，例如是誰在阻擋改變？此外，找出相關的成本與風險也很有用。客戶似乎在擔心的是什麼？管理階層為什麼遲遲不肯支持新提案，他們可能在煩惱什麼事？他們的動機是什麼？

假設你試著讓十幾歲的兒子吃得更健康一點，與其增加在他耳邊嘮叨的次數，不斷提醒不要吃洋芋片、多吃蔬菜，不如做一下力場分析，找出更有效的方法。

你想見到的改變很明顯：兒子吃比較健康的食物。除了有你在不斷提醒兒子多吃蔬菜（外部力量），相關的驅動力還包括兒子正在試著減重（內部力量）；他希望進足球隊，希望身體靈活一點（內部力量）。

---

*另一個可以採取的額外步驟是評估重要性，對你找到的每一個驅動力或抑制力，判斷那股力道是強是弱。影響力大，評估出來的數字也大；影響力小，數字也小。

既然有這幾項推動改變的力量，為什麼兒子還是沒改善飲食習慣？或許他認為健康的食物難吃（內部力量）；有可能他放學後趕著參加課外活動，垃圾食物很方便，一抓就走（外部力量）。另一種可能是兒子在宣示自己長大了，所以你叫他做什麼，他就反其道而行。

由於有各種阻擋改變的抑制力，也難怪碎念兒子沒用。叫他不要吃洋芋片的舉動本身或許也造成反效果。增加強迫的力道，不會讓阻礙減少或消失。

逐一分析局勢能更容易催化改變，看出其實別條路也能通往相同的目標。不靠再次說服，而是移除路障。要減少蔬菜不好吃的問題，可以煮花椰菜起司通心麵。兒子急著參加活動的話，可以在冰箱裡放一袋袋的小胡蘿蔔，方便他拿了就走。

找到抑制力，就能循線追查問題的源頭。認出手煞車，就能讓通往改變的旅途更加順暢。

注釋

前言

1. Ireland, Carol A., and Gregory M. Vecchi (2009), "The Behavioral Influence Stairway Model (BISM): A Framework for Managing Terrorist Crisis Situations?" *Behavioral Sciences of Terrorism and Political Aggression* 1, no. 3, 203–18. Vecchi, Gregory M., Vincent B. Van Hasselt, and Stephen J. Romano (2005), "Crisis (Hostage) Negotiation: Current Strategies and Issues in High-Risk Conflict Resolution," *Aggression and Violent Behavior* 10, no. 5, 533–51. Noesner, Gary W., and Mike Webster (1997), "Crisis Intervention: Using Active Listening Skills in Negotiations," *FBI Law Enforcement Bulletin* 66, 13.
2. 為了保護當事人隱私，部分人士採化名。

第 1 章　抗拒心理

1. Fellows, J. L., A. Trosclair, E. K. Adams, and C. C. Rivera (2002), "Annual Smoking-Attributable Mortality, Years of Potential Life Lost, and Economic Cost—United States 1995–1999," Centers for Disease Control and Prevention (accessed August 17, 2019), available at https://www.cdc.gov/mmwr/preview/mmWrhtml/mm5114 a2.htm.
2. Centers for Disease Control and Prevention (July 9, 2010), "Cigarette Use Among High School Students—United States, 1991– 2009," *Morbidity and Mortality Weekly Report* 1, no. 26, 797–801.

3. Hanson, Glen, Peter Venturelli, and Annette Fleckenstein (2011), *Drugs and Society* (Burlington, MA: Jones & Bartlett).
4. 在此要特別說明，有的人其實是為了反諷，才參加「汰漬洗衣膠囊大挑戰」。有的 YouTuber 的目標是衝高觀看次數，或是嘲弄這個挑戰，不是真正參與。布魯克林的披薩店推出「汰漬洗衣膠囊披薩」，上頭的起司染成類似於汰漬膠囊的顏色也是一個例子。但也有較為年輕的一些受眾，不了解很多人是在開玩笑，最後真的被送進醫院。
5. 數十年來的抗拒心理研究顯示，人會因為自由遭受威脅，刻意去做或迴避某些事。部分例子可參見：Bensley, Lillian Southwick, and Rui Wu (1991), "The Role of Psychological Reactance in Drinking Following Alcohol Prevention Messages," *Journal of Applied Social Psychology* 21, no. 13, 1111–24. Wolf, Sharon, and David A. Montgomery (1977), "Effects of Inadmissible Evidence and Level of Judicial Admonishment to Disregard on the Judgments of Mock Jurors," *Journal of Applied Social Psychology* 7, no. 3, 205–19. Wong, Norman C. H., Kylie J. Harrison, and Lindsey Harvell-Bowman (2015), "When the Death Makes You Smoke: A Terror Management Perspective on the Effectiveness of Cigarette On-Pack Warnings," Studies in Media and Communication (accessed August 17, 2019), available at https://www.researchgate.net/publication/282519431_Reactance_and_Public_Health_Messages_The_Unintended_Dangers_of_Anti-tobacco_PSAs.
6. Rodin, Judith, and Ellen J. Langer (1977), "Long-Term Effects of a Control-Relevant Intervention with the Institutionalized Aged," *Journal*

of Personality and Social Psychology 35, no. 12, 897. Langer, Ellen J., and Judith Rodin, "The Effects of Choice and Enhanced Personal Responsibility for the Aged: A Field Experiment in an Institutional Setting," *Journal of Personality and Social Psychology* 34, no. 2, 191. 雖然此一死亡率結果採用的樣本數相對較小，應當謹慎地詮釋，但其餘的研究發現已在其他各種領域，得到概念上的重複驗證。

7. Botti, Simona, Kristina Orfali, and Sheena S. Iyengar (2009), "Tragic Choices: Autonomy and Emotional Responses to Medical Decisions," *Journal of Consumer Research* 36, no. 3, 337–52.
8. Brehm (1966) 提供早期的抗拒研究結果。Worchel and Brehm (1970) 證實某些說服訊息會引發反彈效應。Brehm, Jack W. (1966), *A Theory of Psychological Reactance* (Oxford, UK: Academic Press). Worchel, Stephen, and Jack W. Brehm (1970), "Effect of Threats to Attitudinal Freedom as a Function of Agreement with the Communicator," *Journal of Personality and Social Psychology*, 14, no. 1, 18.
9. 數十項研究顯示，在數個領域中抗拒心理會讓人更不可能照著要求做。孩子如果認為廣告試圖說服他們，將更不信任廣告，也更不喜歡產品（Robertson and Rossiter, 1974）。醫生說話時若是展示權威（例如：告訴病患必須遵從醫囑，否則健康會惡化），而非把雙方的關係當成夥伴關係（例如：「我們一起治好你的病」），病患會拖延拿藥的時間，不按時服藥，還更可能不吃完全部的藥（Fogarty and Youngs, 2000）。此外，向人們推薦（Fitzsimons and Lehmann, 2004）有可能讓人想反著做。Robertson, Thomas S., and John R. Rossiter (1974), "Children and Commercial Persuasion: An Attribution Theory Analysis," *Journal of Consumer Research* 1, no. 1, 13–20. Fogarty, Jeanne S., and George A. Youngs Jr. (2000), "Psychological Reactance as a Factor in Patient Noncompliance with Medication Taking: A Field Experiment," *Journal of Applied Social Psychology* 30, no. 11, 2365–91. Fitzsimons, Gavan J., and Donald R. Lehmann (2004), "Reactance to Recommendations: When Unsolicited Advice Yields Contrary Responses," *Marketing Science* 23, no. 1, 82–94.

10.Fransen, Marieke L., Edith G. Smit, and Peeter W. J. Verlegh (2015), "Strategies and Motives for Resistance to Persuasion: An Integrative Framework," *Frontiers in Psychology* 6, 1201.

11.Givel, Michael S., and Stanton A. Glantz (1999), "Tobacco Industry Political Power and Influence in Florida from 1979 to 1999," working paper, University of California, San Francisco: Center for Tobacco Control Research and Education.

12.真相會如此有效的另一個原因，在於巧妙地重新解釋了抽菸這項選擇。抽菸先前被視為叛逆行為（例如：誰在乎那些健康警示？我身體好得很），但真相運動讓吸菸變成從眾行為，代表你很好騙，照著勢力龐大的菸草公司所希望的做。真相運動並未拿出更強硬的態度試著擊敗抗拒心理，或是假裝這種心理不存在，反而乾脆運用這種心理，指出不一樣的方向。你想反著來？你該反抗的對象是**菸草公司**才對。真正想影響你的行為的人，其實是菸草公司。真相運動揭露大型菸草公司的操弄、暗中為害與勢力龐大，讓鼓吹抽菸的廣告失去作用，減少力量。

13.我喜歡運用的引導型決定，出自珊卓・波伊頓（Sandra Boynton）的童書《晚安，小豬寶貝》（*Night-Night, Little Pookie*）。媽媽要小豬寶貝換上睡衣，準備好上床睡覺。媽媽讓小豬自己選，看要穿兩套睡衣睡褲中的哪一套：「你今天晚上要穿有車車的這套？還是小星星的？」頑皮的小豬寶貝最後選了星星上衣、車子睡褲，告訴媽咪：「星星和車子**都要**。」

14.值得留意的是，這也能協助達到所謂的柏拉圖最適（Pareto efficiency）：潛在的僱用人選有選擇的餘地，雖然是老闆接受程度相同的幾個選項，求職者依舊能替自己改善結果。

15.光是承認人會有抗拒心理，同樣有用。向隨機的路人討錢，理由是停車場的收費機需要投幣，大約只有一半的人願意幫忙。然而，如果還加上「我知道你可能不願意」這句話（「我知道你可能不想這麼做，但可以給我一點零錢嗎？我要繳停車費。」），幾乎每一個人都會願意幫忙。說出自己明白對方有可能不願意做某件事，是在聲明他們擁有自主權，強調他們不必被迫做某件事，他們是自由選擇。當我們承認抗拒心理，加以尊重，人們會更願意改變。

16.某位理專碰上棘手客戶，那位客戶替退休存的錢實在不夠多。理專不斷催促他多存一點，但他置之不理。理專努力寄給他讚揚複利好處的文章，附上大量圖表，證明立刻採取行動的價值。然而不管怎麼做，似乎就是無法說服那位客戶加強儲蓄。最終理專單刀直入：「你希望這輩子能有退休的時候嗎？」客戶回答：「當然。」「你希望幾歲能退休？」客戶說：「大約六十五歲。」「好，那你希望過什麼樣的退休生活？」客戶說想打高爾夫、遊山玩水，好好放輕鬆。理專問：「你知道退休時必須存到多少錢，才能過那種生活嗎？」客戶說不知道，兩個人開始計算金額，最後一起得出大約需要一百五十萬美元，才能過客戶夢想中的退休生活。得出數字後，理專沒就此打住，而是進一步打開退休計算機，開始往回推。依據那位客戶的收入與他能存下的錢來看，他六十歲時銀行裡必須有一百萬美元，五十四歲必須有五十萬。也就是說，兩年內他至少還得再存十萬。客戶倒抽一口氣，之後開始每個月存雙倍的錢。理專靠著協助客戶清楚看到「他目前的處境」與「他想去的地方」之間的差異，鼓勵客戶採取行動。

17. Dickerson, Chris Ann, Ruth Thibodeau, Elliot Aronson, and Dayna Miller (1992), "Using Cognitive Dissonance to Encourage Water Conservation," *Journal of Applied Social Psychology* 22, no. 11, 841–54.
18. 魏瑟夫婦的故事，進一步的資訊請見：Watterson, Kathryn (2012), *Not by the Sword: How a Cantor and His Family Transformed a Klansman* (Lincoln, NE: University of Nebraska Press).

第 2 章　敝帚自珍效應

1. Hartman, R. S., M. J. Doane, and C.-K. Woo (1991), "Consumer Rationality and the Status Quo," *Quarterly Journal of Economics* 106, no. 1, 141–62.
2. 關於「現況」的研究請見：Samuelson, W., and R. Zeckhauser (1988), "Status Quo Bias in Decision Making," *Journal of Risk and Uncertain-*

ty 1, no. 1, 7–59. Kahneman, Daniel, Jack L. Knetsch, and Richard H. Thaler (1991), "Anomalies: The Endowment Effect, Loss Aversion, and Status Quo Bias," *Journal of Economic Perspectives* 5, no. 1, 193–206.

3. Katzenbach, Jon R., Ilona Steffen, and Caroline Kronley (2012), "Cultural Change That Sticks," *Harvard Business Review*, July–August.
4. Morewedge, Carey K., and Colleen E. Giblin (2015), "Explanations of the Endowment Effect: An Integrative Review," *Trends in Cognitive Sciences* 19, no. 6, 339–48.
5. Strahilevitz, Michal A., and George Loewenstein (1998), "The Effect of Ownership History on the Valuation of Objects," *Journal of Consumer Research* 25, no. 3, 276–89. Reb, Jochen, and Terry Connolly (2007), "Possession, Feelings of Ownership, and the Endowment Effect," *Judgment and Decision Making* 2, no. 2, 107.
6. 光是證明賣家心中的價值高過買家，無法確認是賣家高估自己的東西，或是買家低估自己沒有的東西，不過有幾項聰明的實驗可區分這兩種可能性，例如某項實驗除了標準的馬克杯買家與賣家，還加上第三組受試者。第三組拿到咖啡馬克杯，接著問他們願意花多少錢買第二個相同的杯子。如果人們只是低估自己沒有的東西，第三組的「擁有者兼買家」心中的馬克杯價值，理應如同一般的馬克杯買家，畢竟他們尚未擁有第二個馬克杯，只是在出價。然而，研究人員發現這些人心中的馬克杯價值，如同一般的馬克杯賣家。這種結果顯示出人們除了低估自己沒有的東西，還高估已經有的東西（或與其相似的物品）。
7. Britton, Diana (2015), "The Loss Aversion Coefficient," Wealth Man-

agement.com, February 10, http://www.wealthmanagement .com/equities/loss-aversion-coefficient. 不同論文得出不同的損失規避係數預估值。Novemsky and Kahneman (2005) 提出的數值大約是 2。而回顧先前的研究後， Abdellaoui, Bleichrodt, and L’Haridon (2008) 指出大約介於 1.43 與 4.99 之間。研究回顧請見：Gachter, Simon, Eric J. Johnson, and Andreas Herrmann (2007), “Individual-Level Loss Aversion in Riskless and Risky Choices,” IZA working paper 2961。

8. Harvard Business School Case #2069, “Mountain Man Brewing Company: Bringing the Brand to Light.”
9. 研究甚至顯示，人們面對困難抉擇的當下（例如：是否要動手術），更是違反常理，反而偏好自己當時處於客觀上較糟的狀況（例如：寧可是「受重傷」，而不是「受中等的傷」），這樣心中會好過一些，因為嚴重性會讓他們知道該怎麼做。如果知道傷勢嚴重，就比較不用猶豫是否需要處理。
10. 相關的精彩討論，請見：Gilbert, D. T., M. D. Lieberman, C. K. Morewedge, and T. D. Wilson, (2004), “The Peculiar Longevity of Things Not So Bad,” *Psychological Science* 15, 14–19.
11. Collins, J. C. (2001), *Good to Great: Why Some Companies Make the Leap . . . and Others Don’t* (New York: HarperBusiness).
12. 有的說法認為科爾特斯的處置方式是燒掉船，有的則主張他讓船擱淺。
13. 有人士指出此一數字是暗中誤導，沒算進英國可領回的返還款。但修正過後的數字依舊每星期達二．三四億英鎊，這筆錢用於農業補助、研究與補助窮困地區，其中部分會回到英國。

然而，即使把退回的款項也納入計算，英國一星期依舊大約流出一．六億英鎊。

第 3 章　距離

1. Fleischer, David (2018), "How to fight prejudice through policy conversations," TEDxMidAtlantic, https://www.ted.com/talks/david_fleischer_how_to_fight_prejudice_through_policy_conversations.
2. Bail, Christopher, Lisa Argyle, Taylor Brown, John Bumpus, Haohan Chen, M. B. Hunzaker, Jaemin Lee, Marcus Mann, Friedolin Merhout, and Alexander Volfovsky (2018), "Exposure to Opposing Views on Social Media Can Increase Political Polarization," *Proceedings of the National Academy of Sciences* 115, no. 37, 9216–21.
3. Nyhan, Brendan, Jason Reifler, Sean Richey, and Gary L. Freed (2014), "Effective Messages in Vaccine Promotion: A Randomized Trial," *Pediatrics* 133, no. 4 (April).
4. 伊朗並未持有大規模毀性武器的證據，未能澄清原本的錯誤消息，反而讓部分民眾更相信伊朗其實握有武器。提供保守派人士減稅不會增加政府歲收的證據，反而讓保守派更狂熱地相信真的會增加。此外，對於人們原本就喜歡的候選人，負面消息反而會提高支持度。Redlawsk, David P. (2002), "Hot Cognition or Cool Consideration? Testing the Effects of Motivated Reasoning on Political Decision Making," *Journal of Politics* 64, no. 4, 1021–44.
5. Hovland, Carl I., O. J. Harvey, and Muzafer Sherif (1957), "Assimilation and Contrast Effects in Reactions to Communication and Attitude

Change," *Journal of Abnormal and Social Psychology* 55, no. 2, 244–52.

6. 後續的數十年間，數十項研究也得出類似的發現。兄弟會的溝通落在接受區時，學生會被說動。但如果落在接受區外，溝通會有反效果，使受眾的態度朝反方向移動。請見：Atkins, A. L., Kay K. Deaux, and James Bieri (1967), "Latitude of Acceptance and Attitude Change: Empirical Evidence for a Reformulation," *Journal of Personality and Social Psychology* 6, no. 1 (May), 47–54. 鼓勵大眾支持民主黨或共和黨候選人的政治訴求，在觀點類似的群眾之中會有用，但碰到抱持相反觀點的民眾則有反效果。可參見：Sherif, C. W., M. Sherif, and R. E. Nebergall (1965), *Attitude and Attitude Change: The Social Judgment–Involvement Approach* (Philadelphia: W. B. Saunders).
7. Hastorf, Albert H., and Hadley Cantril (1954), "They Saw a Game: A Case Study," *Journal of Abnormal and Social Psychology* 49, no. 1, 129.
8. 在更近期的類似研究中（Kahan, Hoffman, Braman, Peterman, and Rachlinski [2012]. " 'They Saw a Protest': Cognitive Illiberalism and the Speech-Conduct Distinction," *Stanford Law Review*, Vol. 64），法律教授播放抗議影片，詢問受試者如何看待警方與抗議群眾的行為，例如：警方是否侵犯了抗議群眾的權益、抗議者是否妨礙行人。不同組別的影片觀看者，聽見有關於那場抗議的不同說法。有些人得知示威群眾是在墮胎診所外抗議；其他人則得知是在募兵中心外，抗議軍方的「不問，不說」同性戀政策。

這項細節完全改變影片觀看者如何詮釋情況。以為是在看墮胎抗議的組別，反墮胎者認為抗議民眾有理。然而，支持軍方的受試者看到相同影片，且以為是在看民眾抗議軍方的行動時，相同的抗議群眾被受試者認為是在對行人叫囂，做出不恰當的舉動。

9. Lord, Charles G., Lee Ross, and Mark R. Lepper (1979), "Biased Assimilation and Attitude Polarization: The Effects of Prior Theories on Subsequently Considered Evidence," *Journal of Personality and Social Psychology* 37, no. 11 (November), 2098–109.

10. Nickerson, Raymond S. (1998), "Confirmation Bias: A Ubiquitous Phenomenon in Many Guises," *Review of General Psychology* 2, no. 2, 175. 亦請見：Brock, T. C., and J. L. Balloun (1967), "Behavioral Receptivity to Dissonant Information," *Journal of Personality and Social Psychology* 6, no. 4, 413–28.

11. Sherif, Sherif, and Nebergall (1965), *Attitude and Attitude Change: The Social Judgment-Involvement Approach*.

12. Kalla, Joshua L., and David E. Broockman (2017), "The Minimal Persuasive Effects of Campaign Contact in General Elections: Evidence from 49 Field Experiments," *American Political Science Review* (September 28). 此一研究並未找到全面性的說服效果，但指出廣告與拉票的價值在於提升投票率，而投票率又會影響選舉結果。

13. Eagly, Alice H., and Kathleen Telaak (1972), "Width of the Latitude of Acceptance as a Determinant of Attitude Change," *Journal of Personality and Social Psychology* 23, no. 3, 388.

14.Rogers, Todd, and David Nickerson (2013), "Can Inaccurate Beliefs About Incumbents Be Changed? And Can Reframing Change Votes?," working paper, Harvard University.

15.Freedman, Jonathan L., and Scott C. Fraser (1966), "Compliance Without Pressure: The Foot-in-the-Door Technique," *Journal of Personality and Social Psychology* 4, no. 2, 195.

16.我家的狗有自己的一套「從小事著手」辦法。我們一直不准她上沙發。她還是小狗的時候，如果跳上沙發，我們會輕輕推她下去，告訴她不可以。她因此不會直接跳上沙發，而是先把一隻前爪放在沙發上，如果沒人糾正她，她就會放上第二隻前爪，一點一滴，最後整個身體都在沙發上。

17.Greene, Bob (2004), *Get with the Program* (New York: Simon & Schuster).

18.Broockman, David E., and Joshua L. Kalla (2016), "Durably Reducing Transphobia: A Field Experiment on Door-to-door Canvassing, " *Science* 352, no. 6282 (April), 220–24.

19.Fleischer, David (2018), "How to fight prejudice through policy conversations," TEDxMidAtlantic, https://www.ted.com/talks/david_fleischer_how_to_fight_prejudice_through_policy_conversations.

20.深度遊說還會促成心理學家所說的「主動處理」（active processing）。此時選民扮演的角色不是被動聆聽，而是被鼓勵當主要的發言者。維吉妮亞不僅詢問古斯塔夫的意見，還請他解釋為什麼他會那樣認為——不是用批判的方式，是像個想了解對方理由的朋友。這種做法會帶來深層的反思，受訪者思索議題的複雜本質。不會只是單純想打發：「喔，對，有偏見不好，我懂」，而是深思熟慮地讓自己進入主題。

21.換位思考通常會失敗（預測他人的思考、感受或態度時，準確度未增加）。請見：Eyal, T., M. Steffel, and N. Epley (2018), "Perspective mistaking: Accurately understanding the mind of another requires getting perspective, not taking perspective," *Journal of Personality and Social Psychology* 114, 547–71.

第 4 章　不確定性

1. Gneezy, Uri, John A. List, and George Wu (2006), "The Uncertainty Effect: When a Risky Prospect Is Valued Less Than Its Worst Possible Outcome," *Quarterly Journal of Economics* 121, no. 4, 1283–309.
2. 雖然我們平常講話時，「風險」（risk）和「不確定性」（uncertainty）通常是指類似的東西，但嚴格講起來有點不一樣。科學家用「風險」一詞，描述某種結果不明的情境，但已知發生不同結果的機率。丟一枚硬幣，你預期正面或反面朝上的機率都是五成。你每一次丟，都不確定結果究竟會是正面或反面，但知道機率都是五成。相較之下，「不確定性」的情境則是不同結果的可能性屬於未知。我最喜歡什麼顏色？你不僅不知道答案，就連每種顏色的可能性是多少也不知道。
3. 這個例子與本書前言提到的慣性有關，但有重大差異。舉例來說，此處不是比較「損失」與「收益」的期望值，兩種面額的禮物卡都將帶來「收益」，只是不確定會拿到多少。
4. 多篇論文都提到不確定的成本（Andreoni and Sprenger [2011];

Gneezy et al. [2006]; Newman and Mochon [2012]; Simonsohn [2009]; Wang et al. [2013]; Yang et al. [2013]），但近日的研究（Mislavsky and Simonsohn [2018]）顯示，此一效應至少有部分來自研究混淆了「不確定性」與「未解釋的交易特色」（unexplained transaction features）。但就連此一研究也找到證據，證實不確定性有可能拉低價值，即便實際效應不及先前的研究觀察結果。請參見：Andreoni, James, and Charles Sprenger (2011), "Uncertainty Equivalents: Testing the Limits of the Independence Axiom," working paper, National Bureau of Economic Research, No. w17342. Newman, George E., and Daniel Mochon (2012), "Why Are Lotteries Valued Less? Multiple Tests of a Direct Risk-Aversion Mechanism," *Judgment and Decision Making* 7, no. 1, 19. Simonsohn, Uri (2009), "Direct Risk Aversion: Evidence from Risky Prospects Valued Below Their Worst Outcome," *Psychological Science* 20, no. 6, 686–92. Wang, Y., T. Feng, and L. R. Keller (2013), "A Further Exploration of the Uncertainty Effect," *Journal of Risk and Uncertainty* 47, no. 3, 291–310. Yang, Y., J. Vosgerau, and G. Loewenstein (2013), "Framing Influences Willingness to Pay but Not Willingness to Accept," *Journal of Marketing Research* 50, no. 6, 725–38. Mislavsky, Robert, and Uri Simonsohn (2017), "When Risk Is Weird: Unexplained Transaction Features Lower Valuations," *Management Science* 64, no.11.

5. Tversky, Amos, and Eldar Shafir (1992), "The Disjunction Effect in Choice Under Uncertainty," *Psychological Science* 3, no. 5, 305–10.
6. 千萬別忘了，不確定性不只是機率而已。新產品是否會勝過舊產品，或許機率是一半一半，但在結果將更理想的實際機率面前，人們依舊會多多少少**感到**不確定。以選舉為例：支持者一般確定自己支持的候選人會贏，即便實際的機率不是如此。反過來講，即使新產品或新服務有很高的機率將勝過舊事物，不確定稅依舊會讓人猶豫不前，也因此光是改變實際的機率還不夠。當然，製造勝過舊版本的產品或服務，自然會有幫助，但不論實際機率如何，如果要改變人們的想法，你得讓他們感到更有信心或更加確定。

7. Ducharme, L. J., H. K. Knudsen, P. M. Roman, and J. A. Johnson (2007), "Innovation Adoption in Substance Abuse Treatment: Exposure, Trialability, and the Clinical Trials Network," *Journal of Substance Abuse Treatment* 32, no. 4, 321–29. Mohamad Hsbollah, H., Kamil, and M. Idris (2009), "E-Learning Adoption: The Role of Relative Advantages, Trialability and Academic Specialisation," *Campus-Wide Information Systems* 26, no. 1, 54–70.
8. 雖然「可試性」的重點是減少試用的障礙，去除「持續行動的阻礙」也很重要。想一想在雜貨店買紙巾的例子。每次紙巾用完了，就會出現要做決定的時刻。我想買上次那牌子嗎（如果真的想得起來的話），還是要換？相較之下，Netflix、健身房或手機方案則採取訂閱制，你不需要每個月都決定是否要續用服務，一切已經預先設定好，你將持續收到帳單，直到告知要取消。也就是說比起預設成「選擇退出」，或是消費者必須定期特別花力氣購買相同品牌，此類訂閱制的預設值是「選擇加入」，一直沿用下去直到顧客特別指定不要了。「選擇加入」

的模式減少了持續行動的阻礙，鼓勵人們一而再、再而三做相同的事。

9. 別忘了，「免費增值」會有用的前提是東西真的好。如果難用或令人失望，人們會試用，但只會回頭用原本就在用的東西。

10. 有的公司也提供滿足一定條件後的免運費，例如購物金額超過五十美元後免運。這種做法能刺激買氣的程度，顯然不如無條件免運，但確實可以鼓勵行動。舉例來說，幾乎有一半的消費者會為了湊免運，在購物車裡多放幾樣商品。請參見：United Parcel Service of America, Inc. (2017), *UPS Pulse of the Online Shopper: A Customer Experience Study*. 多買東西花費的金額，很多時候超過省下的運費。

11. Alina Tugend (2008), "'Two for One' . . . 'Free Delivery' . . . Hooked Yet?" *New York Times* (July 5).

12. 降低前期成本幾乎可以應用在任何情境。計次付費頻道（Pay-per-view channel）通常會提供免費的三十天試用期。這種做法是很好的起點，但如果免費提供所有節目的頭十五分鐘，效果會更強。人們一旦開始看一部電影或足球賽，他們願意付費看完的可能性將大增。你想讓房客嘗試飯店附設的餐廳嗎？那就在他們的住宿期間，每天送他們二十五美元的抵用券。這樣不但能降低試吃成本，還會感到不用掉折價券很浪費，房客順便用餐的機率會增加。

13. 降低前期成本，也能解決敝帚自珍效應那章談到的「成本」與「效益」會有時間差的問題。改變的成本通常很快就會出現，效益則較晚，且是否有用還很難講。付出成本是篤定逃不了的。

新軟體要付某個價格才能取得，還至少得花一點時間學怎麼用，但不太能確定好處是什麼。「新」會勝過「舊」嗎？沒人知道，所以為什麼要換？降低前期成本可以減少那樣的差距。試用能帶來體驗，通常還能讓成本晚點出現，增加人們願意現在就採取行動的機率。

14.如果是所謂的「體驗型商品」（experience goods），人們需要先體驗過，才知道適不適合自己，此時提供「先試再買」的效果尤其好。如果是印表機墨水匣或書籍等商品，顧客只要事先查詢產品規格、閱讀說明或心得等等，很容易就能大略知道合不合適。然而，如果是鞋子與床墊，體驗就很重要，試用也因此很重要。

15.有創業精神的事業創辦人，甚至把這個概念應用在更不尋常的場景。他們沒寄望顧客會恰巧路過他們的理髮店，而是買下露營車，自行開到地方上的商業園區，方便忙碌的專業人士剪頭髮。矽谷的行動洗車也一樣。人們可能不會特地花時間去洗車，但如果停車場就有洗車服務，何樂而不為？此類生意靠著降低發現成本（與時間成本），鼓勵消費者試用服務，刺激銷售。報稅事務所、理專與其他各式服務也能採取類似的做法。

16.Peterson, J. Andrew, and V. Kumar (2010), “Can Product Returns Make You Money?” *MIT Sloan Review* (Spring).

17.收運費確實有好處。除了省下運費成本，還能減少退貨的可能性。如果必須自行付六美元才能退貨，人們寄回商品的可能性會下降。然而，雖然在某些方面有好處，這些小的好處遠遠抵不過更大的損失。民眾精打細算，他們知道如果買了不喜歡，額外的運費成本會讓自己不想寄回，所以哪個比較簡單？乾脆先別買，等到完全確定自己要什麼再說，就不必擔心退貨的事。還有一種做法更簡單：看哪個競爭對手提供免運，就跟那個商家買。

18.值得留意的是，可以退貨有時會減少人們喜歡產品的程度。許多研究都指出，如果感到反正日後可以退換貨，有可能干擾人類天生喜歡屬於自己的東西的傾向。如果可以不喜歡就退，則沒必要一開始就喜歡上這樣東西。不確定性如果涉及產品或服務本身的品質或效果，可以退貨通常是好事。人們可以確認鞋子合腳或 Dropbox 真的很實用。然而，如果不確定性是個人的偏好問題（例如：我會喜歡萊姆綠的毛衣嗎？），此時出現反效果的機率將增加。

19.Janakiraman, Narayan, Holly A. Syrdal, and Ryan Freling (2016), "The Effect of Return Policy Leniency on Consumer Purchase and Return Decisions: A Meta-Analytic Review," *Journal of Retailing* 92, no. 2, 226–35.

第 5 章　佐證

1. Pechmann, Cornelia, and David W. Stewart (1988), "Advertising Repetition: A Critical Review of Wearin and Wearout," *Current Issues and Research in Advertising* 11, nos. 1–2, 285–329.
2. 菲爾的爸媽堅持下去。每當菲爾試圖逃避治療跑回家，不讓他進家門。菲爾兩天後打電話求助，父親帶他回戒毒中心，告訴他：「你得靠自己。」戒毒人員告訴菲爾，他們可以協助他回到治療中心，但這會是最後一次他能回去（菲爾已經去過六次）。菲爾氣急敗壞，但最終戒毒成功。

3. Johnson, Vernon (1986), *Intervention: How to Help Someone Who Doesn't Want Help* (Center City, MN: Hazelden Foundation), 41.
4. 與其強迫一個人戒掉，最理想的介入效果，是讓當事人相信該改變的時刻到了。如同優秀的談判人員不會急著施加影響力，最厲害的介入輔導員做的第一件事，不會是要求成癮的人尋求治療，而是單純請他們聆聽。目標不是告訴成癮者該怎麼做，而是協助他們認清生活的真相——讓他們睜開眼睛看見事實。鼓勵他們洗心革面，內化他們需要改變的事實。你提出目的地，但允許他們自行規劃抵達的路線。成癮者依舊會抗拒，不願意接受治療，但鼓勵成癮者開始接受他們有問題需要解決，最後將更可能出現幸福快樂的結局。
5. Davis, Gerald F., and Henrich R. Greve (1997), "Corporate Elite Networks and Governance Changes in the 1980s," *American Journal of Sociology* 103, no. 1, 1–37. And Venkatesh, Viswanath (2006), "Where to Go from Here? Thoughts on Future Directions for Research on Individual-Level Technology Adoption with a Focus on Decision Making," *Decision Sciences* 37, no. 4, 497–518.
6. 就連傳遞訊息的人是誰，也會影響此一多重來源效應。某項實驗請受試者聆聽某本書的五篇正面評價。有一組聽見的五篇書評，完全由同一個電腦語音讀出。另一組聽見的五篇心得，由五種不同的電腦語音讀出。聽見不同語音的那一組，認為書比較精彩，更願意買書。請見：Lee, Kwan Min (2004), "The Mul-

tiple Source Effect and Synthesized Speech," *Human Communication Research* 30, no. 2 (April 1), 182–207.

7. Platow, Michael J., S. Alexander Haslam, Amanda Both, Ivanne Chew, Michelle Cuddon, Nahal Goharpey, Jacqui Maurer, Simone Rosini, Anna Tsekouras, and Diana M. Grace (2005), "'It's Not Funny if They're Laughing': Self-Categorization, Social Influence, and Responses to Canned Laughter," *Journal of Experimental Social Psychology* 41, no 5, 542–50.
8. 在某些情況下，和自己不像的人，他們的意見同樣具備價值，例如替年事已高的父母挑選養老院時，院民的看法尤其寶貴，即使院民和你不像。
9. Traag, Vincent A. (2016), "Complex Contagion of Campaign Donations," *PloS One* 11, no. 4, e0153539.
10. Aral, Sinan, and Christos Nicolaides (2017), "Exercise Contagion in a Global Social Network," *Nature Communications* 8 (article no. 14753).
11. Berger, Jonah, and Raghu Iyengar (2018), "How the Quantity and Timing of Social Influence Impact Behavior Change," Wharton Working Paper.
12. 即便如此，在某些情況下，太密集的接觸會造成負面效果。如果人們感到頻頻出現的背後有人操控，或是你提的事太複雜，需要好好想一想，提供喘口氣的空間是好事。
13. https://www.theatlantic.com/health/archive/2014/09/the-world -war-ii-campaign-to-bring-organ-meats-to-the-dinner-table /380737/.
14. Wansink, Brian (2002), "Changing Eating Habits on the Home Front:

Lost Lessons from World War II Research," *Journal of Public Policy & Marketing* 21, no. 1, 90–99. Lewin, Kurt (1943), "Forces Behind Food Habits and Methods of Change," *Bulletin of the National Research Council* 108, no. 1043, 35–65. Romm, Cari (2014), "The World War II Campaign to Bring Organ Meats to the Dinner Table," *Atlantic* (September 25).

15. Lewin, Kurt (1951), *Field Theory in Social Science: Selected Theoretical Papers*, Dorwin Cartwright, ed. (New York: Harper & Brothers).
16. Wansink, Brian (2002), "Changing Eating Habits on the Home Front: Lost Lessons from World War II Research," *Journal of Public Policy and Marketing* 21(1), 90–99.
17. Lewin, Kurt (1947), "Group Decision and Social Change," *Readings in Social Psychology* 3, no. 1, 197–211.

結語

1. Schroeder, J., and J. L. Risen (2016), "Befriending the Enemy: Outgroup Friendship Longitudinally Predicts Intergroup Attitudes in a Co-existence Program for Israelis and Palestinians," *Group Processes and Intergroup Relations* 19, 72–93.
2. Ross, Karen, and Ned Lazarus (2015), "Tracing the Long-Term Impacts of a Generation of Israeli–Palestinian Youth Encounters," *International Journal of Conflict Engagement and Resolution* 3, no. 2.

附錄：積極聆聽

1. Gardiner, James C. (1971), "A Synthesis of Experimental Studies of Speech Communication Feedback," *Journal of Communication* 21, no. 1 (March), 17–35.
2. Huang, Karen, Michael Yeomans, Alison Wood Brooks, Julia Minson, and Francesca Gino (2017), "It Doesn't Hurt to Ask: Question-Asking Increases Liking," *Journal of Personality and Social Psychology* 113, no. 3, 430–52.

big 362

如何改變一個人：華頓商學院教你消除抗拒心理，從心擁抱改變

作　　者—約拿・博格（Jonah Berger）
譯　　者—許恬寧
主　　編—陳家仁
編　　輯—黃凱怡
企　　劃—藍秋惠
協力編輯—張黛瑄
版面設計—賴麗月
內頁排版—林鳳鳳

總 編 輯—胡金倫
董 事 長—趙政岷
出 版 者—時報文化出版企業股份有限公司
108019 台北市和平西路三段 240 號 4 樓
發行專線—（02）2306-6842
讀者服務專線— 0800-231-705、（02）2304-7103
讀者服務傳真—（02）2302-7844
郵撥— 19344724 時報文化出版公司
信箱— 10899 臺北華江橋郵局第 99 信箱
時報悅讀網— http://www.readingtimes.com.tw
法律顧問—理律法律事務所 陳長文律師、李念祖律師
印　　刷—紘億印刷有限公司
初版一刷— 2021 年 6 月 25 日
初版十五刷— 2024 年 7 月 9 日
定　　價—新台幣 450 元
（缺頁或破損的書，請寄回更換）

時報文化出版公司成立於一九七五年，
並於一九九九年股票上櫃公開發行，於二〇〇八年脫離中時集團非屬旺中，
以「尊重智慧與創意的文化事業」為信念。

ISBN 978-957-13-9012-3
Printed in Taiwan

如何改變一個人：華頓商學院教你消除抗拒心理,從心擁抱改變/約拿.博格(Jonah Berger)著；許恬寧譯. -- 初版. -- 臺北市：時報文化出版企業股份有限公司, 2021.06
352面；14.8×21公分. -- (big；362)
譯自：The catalyst : how to change anyone's mind
ISBN 978-957-13-9012-3(平裝)

1.說服 2.應用心理學

177　　110007697